Hilfen zur Verbesserung der Methodenkompetenz

W0357993

Selbstlernkurs
Schreibwerkstatt

Bibliografische Information Der Deutschen Bibliothek

Sonderausgabe für Jokers der im GABAL Verlag unter ISBN 978-3-86936-146-8 erschienenen Originalausgabe.

Die Deutsche Bibliothek verzeichnet diese Publikation in der Deutschen Nationalbibliografie; detaillierte bibliografische Informationen sind im Internet über http://dnb.ddb.de abrufbar.

ISBN 978-3-86936-284-7
Autoren: Severin Weigend und Rolf Meier
Grafiken: Transfer GmbH, Hürth
Satz und Layout: Transfer GmbH, Hürth
Druck und Bindung: Salzland Druck, Staßfurt

2010 Gabal Verlag, Offenbach am Main

www.gabal-verlag.de - More success for you!

Inhalt

Ein Wort zu Beginn

Berichte, Memos, Vorlagen, Protokolle, Briefe, Referate, Skripte, Redemanuskripte, vielleicht sogar ein Buch. Es gibt viele Situationen im Beruf und auch im Privatleben, wo es auf eine gute „Schreibe" ankommt.

Eine Forderung gilt bei allen diesen Schreibanlässen: Die Texte sollen ankommen. „Ankommen" bezieht sich erst einmal auf die Verständlichkeit. Wenn der Leser den Sinn Ihrer Ausführungen nicht nachvollziehen kann, verfehlt der Text sein Ziel. „Ankommen" bezieht sich aber auch auf die Motivation des Lesers. Er hat an einem gut geschriebenen Text sicherlich mehr Freude als an einer holprigen, sperrigen Ausdrucksweise.

Schreiben ist ein Handwerk, deshalb haben wir dieses Arbeitsheft „Schreibwerkstatt" betitelt. Allerdings ist Schreiben ein Handwerk, das die meisten von uns nicht gelernt haben. Und der berühmte Besinnungsaufsatz in der Schule, der anschließend benotet wurde, hat bei vielen Menschen die Lust auf Schreiben getrübt. Schreiben ist für die meisten Menschen eine Notwendigkeit, manchmal ein notwendiges Übel.

Einen Text schreiben, den andere lesen, der „bestehen" bleibt, der Kritik anderer ausgesetzt ist – das empfinden viele Menschen als schwierig. Sie wollen es dann oft besonders gut machen, wägen Wort für Wort und Satz für Satz ab, immer auf der Suche nach der richtigen Formulierung.

Das kostet viel Zeit und das Ergebnis wird dadurch nicht unbedingt besser. Schnell entstehen dann Schreibbarrieren, man „quält" sich mit dem Text. Dabei ist Schreiben einfach. Denken Sie an ein alltägliches Gespräch in der Familie. Hier geben Sie sich Mühe, einfach und verständlich zu sprechen, wie in vielen anderen Kommunikationssituationen auch. Was für den mündlichen Sprachgebrauch gilt, sollte auch für Ihre Texte gelten. Halten Sie sich deshalb an den Rat: **Schreibe, wie Du sprichst.**

Es sind schlicht bestimmte Regeln, die darüber entscheiden, ob Ihre Texte gut verständlich sind oder nicht. Und genau diese Regeln möchten wir Ihnen hier nahebringen. Sie lassen sich vier Fragen zuordnen:

- Wie entwickeln Sie ein Konzept für Ihr Schreiben?
- Wie sichern Sie die Verständlichkeit?
- Wie schaffen Sie Anschaulichkeit, Bildern in den Köpfen der Leser?
- Wie schützen Sie sich vor Stilblüten?

Die folgenden Piktogramme sollen Ihnen die Orientierung in diesem Arbeitsheft erleichtern:

besonders wichtig	Checkliste oder Arbeitshilfe
Tipps und Tricks	Umsetzungsaufgabe
Aufgabe	Bsp Beispiel
Kaffeepause	Zusammenfassung

Falls Sie sich noch intensiver mit dem Thema auseinander setzen wollen: Hinter diesem Symbol finden Sie nützliche Zusatzinformationen. Wir dürfen Ihnen schon jetzt viel Spaß und viel Erfolg wünschen.

Einschätzungshilfe

Mit der folgenden Einschätzungshilfe können Sie eine erste Bestandsaufnahme in Sachen Textgestaltung vornehmen. Bitte seien Sie selbstkritisch bei der Beantwortung der Fragen.

	Einschätzungshilfe: Wie professionell erstellen Sie Ihre Texte?	**nie**	**selten**	**manchmal**	**normalerweise**	**meistens**	**immer**	Punkte
		0	1	2	3	4	5	
1.	Ich überlege vorab, was ich mit meinem Text erreichen will.	❑	❑	❑	❑	❑	❑	____
2.	Ich achte auf eine verständliche Sprache.	❑	❑	❑	❑	❑	❑	____
3.	Ich stelle Anschaulichkeit mit sprachlichen Mitteln her.	❑	❑	❑	❑	❑	❑	____
4.	Ich kenne zentrale Regeln zum Sprachstil und wende sie an.	❑	❑	❑	❑	❑	❑	____
5.	Ich benutze die Microsoft Word-Hilfen bei der Korrektur von Texten.	❑	❑	❑	❑	❑	❑	____
6.	Ich verwende Schriften mit klarem Erscheinungsbild.	❑	❑	❑	❑	❑	❑	____
7.	Über die richtige Textsorte muss ich nie lange nachdenken.	❑	❑	❑	❑	❑	❑	____
8.	Ich weiß, welche Fachausdrücke ich meinen Lesern zumuten kann und welche nicht.	❑	❑	❑	❑	❑	❑	____
9.	Ich verwende möglichst anschauliche Wörter statt Fachbegriffe.	❑	❑	❑	❑	❑	❑	____
10	Ich benutze keine abgedroschenen Phrasen.	❑	❑	❑	❑	❑	❑	____
11	Ich bin fit in der neuen Rechtschreibung.	❑	❑	❑	❑	❑	❑	____
12	Ich nutze nicht-proportionale Schriften in meinen Texten.	❑	❑	❑	❑	❑	❑	____
13	Ich kann meine Leser argumentativ überzeugen.	❑	❑	❑	❑	❑	❑	____
14	Ich achte auf die optimale Satzlänge.	❑	❑	❑	❑	❑	❑	____
15	Ich vermeide abstrakte Begriffe.	❑	❑	❑	❑	❑	❑	____
16	Ich verzichte auf unnörige Wörter.	❑	❑	❑	❑	❑	❑	____
17	Ich lese meine Texte noch einmal durch, um meinen Sprachstil zu kontrollieren.	❑	❑	❑	❑	❑	❑	____
18	Ich achte auf die Zeilenlänge, um die Lesbarkeit zu erhöhen.	❑	❑	❑	❑	❑	❑	____
19	Ich strukturiere erst den Text, bevor ich zu schreiben beginne.	❑	❑	❑	❑	❑	❑	____
20	Ich achte auf einfache Satzkonstruktionen.	❑	❑	❑	❑	❑	❑	____
21	Ich erläutere abstrakte Themen mit Hilfe von Beispielen.	❑	❑	❑	❑	❑	❑	____
22	Ich gebrauche eine aktive Sprache und weiß, wie ich Leser einbinde.	❑	❑	❑	❑	❑	❑	____
23	Ich benutze Synonyme nur, wenn nötig.	❑	❑	❑	❑	❑	❑	____
24	Ich setze Hervorhebungen im Text richtig ein.	❑	❑	❑	❑	❑	❑	____

Wenn Sie bei jeder Frage die Rubrik *immer* angekreuzt haben, dürfen wir Ihnen zu Ihren professionellen Texten gratulieren und Sie können dieses Heft eigentlich wieder aus der Hand legen. Dies wäre schön, ist aber unwahrscheinlich. Dazu gibt es beim Schreiben von Texten jedweder Art zu viele Punkte zu beachten.

Nutzen Sie deshalb dieses Arbeitsheft, um es besser zu machen.

Werten Sie Ihre Antworten im Detail aus und analysieren Sie, welche Verbesserungsmöglichkeiten es für Sie gibt. Dies sollten auch die Punkte sein, die Sie als Erstes ändern.

Übertragen Sie dazu bitte die Punkte in folgende Tabelle.

Schritt 1		Schritt 2		Schritt 3		Schritt 4		Schritt 5		Schritt 6	
1:		2:		3:		4:		5:		6:	
7:		8:		9:		10:		11:		12:	
13:		14:		15:		16:		17:		18:	
19:		20:		21:		22:		23:		24:	

Addieren Sie die Spalten und ermitteln Sie die Gesamtpunktzahl.

Schritt 1		Schritt 2		Schritt 3		Schritt 4		Schritt 5	
Σ:		Σ:		Σ:		Σ:		Σ:	

Gesamt	

Wie viele Punkte haben Sie insgesamt erreicht?

0 bis 25 Punkte	Sie können Ihre Texte wesentlich leserfreundlicher gestalten. Fangen Sie möglichst sofort an und arbeiten Sie intensiv das ganze Arbeitsheft durch.
26 bis 50 Punkte	Sie werden im Arbeitsheft viele Möglichkeiten finden, Ihre Texte zu verbessern.
51 bis 75 Punkte	Sie befinden sich im Durchschnitt. Wenn Sie zu denen gehören möchten, deren Texte besonders gut gelungen sind, konzentrieren Sie sich auf die Schritte mit der geringsten Punktzahl.
76 bis 100 Punkte	Ein Lob für Ihre "Schreibkünste". Ob Sie im Detail noch etwas verbessern können? Lesen Sie nach und sehen Sie sich die Checklisten an.

Dieses Arbeitsheft umfasst insgesamt fünf Einzelthemen (Schritte). In der Einschätzungshilfe wurden vier Fragen zu jedem Einzelthema gestellt. Deshalb können Sie auch überprüfen, welche Einzelthemen für Sie besonders wichtig sind. Kreuzen Sie dazu die Schritte an, bei denen Sie die wenigsten Punkte hatten:

(bitte ankreuzen)

Schritt 1	Schritt 2	Schritt 3	Schritt 4	Schritt 5

Sie können nun in zweierlei Weise vorgehen:

1. Sie konzentrieren sich auf die Aspekte, bei denen der größte Verbesserungsbedarf besteht. Legen Sie dabei besonderen Wert auf die Umsetzung des Gelernten.
2. Sie lesen das Arbeitsheft Schritt für Schritt durch. Auch hierbei können Sie besonders auf die Dinge achten, die es wert sind, schnell geändert zu werden.

Schritt 1: Text entwickeln

Sie wollen einen Text schreiben. Dann schreiben Sie immer für bestimmte Leser und mit einer bestimmten Intention. Bevor Sie also mit dem Schreiben beginnen, sollten Sie sich deshalb drei Fragen stellen:

- Wer liest den Text?
- Was erwartet er?
- Was will ich ihm vermitteln?

Danach wählen Sie die Textsorte, mit der Sie Ihr Anliegen am besten vermitteln und Ihre Ziele am überzeugendsten darstellen können. Legen Sie als nächstes fest, in welcher Reihenfolge Sie welche Informationen zu den einzelnen Themen vermitteln wollen.

Hauptaussage finden

Die **Hauptaussage** Ihres Textes sollten Sie als erstes formulieren und daran Ihren ganzen Text ausrichten. Der Vorteil für Sie: Dies schützt Sie davor, sich in unwichtigen Details zu verlieren.

Strukturieren Sie ihren gesamten Text um Ihre Hauptaussage. Setzen Sie sich mit Ihrer gewollten Aussage auseinander und überlegen Sie, wie Sie dem Leser verständlich gemacht werden kann.

Bsp

Nehmen wir z.B. das Thema Umweltverschmutzung. Die Hauptaussage Ihres Textes könnte sein, dass Sie um die zunehmende Verschmutzung der Umwelt besorgt sind.

Wollen Sie Ihre Leser von etwas überzeugen, stellen Sie neben die Hauptaussage einen **Appell**. Ein solcher Appell. Den Appell richten Sie direkt an den Leser.

Bsp

Der Appell an Ihre Leser wäre beim Thema Umweltverschmutzung beispielsweise, dass sie etwas unternehmen müssen, um das zu verhindern.

Ein Text ohne eine klar erkennbare Aussage, ohne roten Faden, wirkt oft verwirrend oder langweilt den Leser. Die Ausformulierung der Kernaussage schützt Sie davor. Und Sie haben eine gute Basis, um Ihren Text zu entwickeln..

Leser in den Blick nehmen

Konzentrieren Sie sich nun auf Ihre Leser – und halten Sie ihn während des Schreibens im Blick. *Der Wurm muss dem Fisch schmecken, nicht dem Angler.* Diesen Spruch kennen Sie sicherlich. Genauso ist es bei Texten. Es ist der Leser, der darüber entscheidet, ob der Text für ihn interessant und verständlich, damit lesenswert ist.

Stellen Sie sich deshalb folgende Fragen:

- Wer sind meine Leser?
- Inwiefern berührt das Thema Ihre Leser?
- Welches Vorwissen bringen die Leser zu Ihrem Thema mit?
- Welche Interessen haben die Leser?
- Welche Ansprüche haben die Leser an Ihren Text?

Die Antworten auf diese Fragen sind natürlich nicht immer einfach zu geben. Leicht haben Sie es, wenn Sie Ihre Leser persönlich kennen, Ihren Chef, die Mitglieder Ihrer Projektgruppe, ein Kunde. Schwieriger wird es, wenn Sie nur die Zielgruppe kennen, Controller, Führungskräfte Ihrer Organisation. Dann haben Sie zumindest die Chance, nachzufragen, was sie ineressieren könnte. Noch unpräziser ist „die Öffentlichkeit" oder der „interessierte Leser". Dann können Sie sich bestenfalls einen bestimmten Leser in Gedanken vorstellen und versuchen, ihm gerecht zu werden.

Wenn Sie schreiben, verfolgen Sie immer mindestens einer der drei Ziele:

- Sie wollen den Leser informieren.
- Sie wollen den Leser überzeugen.
- Sie wollen den Leser unterhalten.

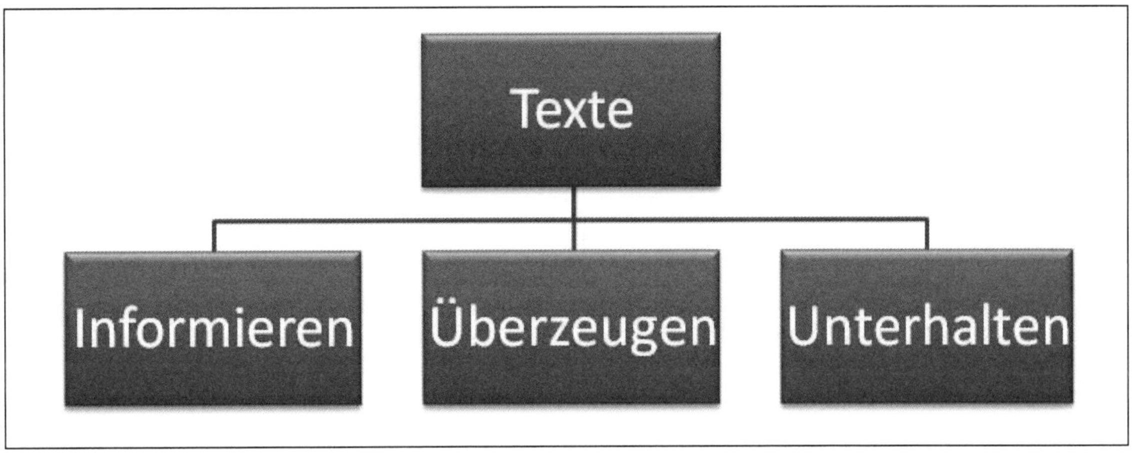

Meist verfolgt man Ziele in den ersten beiden Bereichen. Fragen Sie sich deshalb als erstes:

- Was wollen Sie beim Leser erreichen?
- Was sollen diese nach dem Lesen des Textes unbedingt im Gedächtnis behalten?

Überprüfen Sie danach:

- Wovon sollen sie überzeugt sein?
- Was wollen Sie vermeiden?

Das dritte Ziel, die Unterhaltung, trifft vornehmlich auf literarische Texte oder verschiedene journalistische Formen zu. Deshalb können wir diese Intention hier vernachlässigen.

Je genauer Sie wissen, wo Sie hinwollen, desto wahrscheinlicher ist es, dass Sie die Ziele tatsächlich erreichen.

Bei wichtigen und umfangreichen Texten können Sie Ihre Ziele herunter brechen und präzisieren. Nutzen Sie dazu die Frage *Was heißt das konkret?*

Schnell werden Sie zu Teilzielen kommen und ebenso schnell zu den zentralen Themen Ihres Textes.

Textsorte wählen

Wenn Sie sich über Ihre Leserschaft und Ihre Ziele ein Bild gemacht haben, können Sie die geeignete Textsorte wählen. Je nach Intention bieten sich unterschiedliche Textsorten an, die Ihre Ziele am Besten vermitteln und verdeutlichen. Einige Textsorten eignen sich besonders gut, um dem Leser Wissen zu vermitteln und Zusammenhänge darzustellen.

Die Nachricht

Sie kennen Nachrichten aus der Zeitung oder aus dem Fernsehen. Nachrichten sollen dem Leser eine schnelle Information und Orientierung ermöglichen. Nachrichten-Schreiber orientieren sich deshalb immer an den fünf W-Fragen:

- Was?
- Wann?
- Wie?

- Wo?
- Warum?

Beantworten Sie diese Fragen beim Schreiben einer Nachricht immer zuerst. Halten Sie Nachrichten sachlich, prägnant und natürlich inhaltlich korrekt. Nachrichten haben immer einen ähnlichen Aufbau:

- Die zentrale Aussage steht immer am Anfang. Versuchen Sie in den ersten Zeilen alle möglichen Fragen zu beantworten, die sich der Leser im ersten Moment stellen könnte.
- Datei- und Hintergrundinformationen folgen auf die zentrale Aussage. Ordnen Sie diese Informationen nach abnehmender Wichtigkeit.

Ihr Leser kann sich so schnell einen Überblick über das Thema verschaffen und beurteilen, ob das Thema für ihn von Interesse ist. Vermeiden Sie es, Ihre eigene Meinung zu dem Thema, über das Sie berichten, einfließen zu lassen.

Der Bericht

Ein Bericht basiert auf Fakten, die eigene Meinung fließt dabei nicht in den Text ein. Ein Bericht stellt Zusammenhänge, Vorgeschichte und andere wichtige Aspekte eines bestimmten Ereignisses dar. Er unterscheidet sich durch seinen größeren Informationsgehalt von einer Nachricht.

- Gliedern Sie den Bericht in Absätze. Die wichtigsten Tatsachen stehen zusammengefasst im ersten Absatz.
- Anders als eine Nachricht, können Sie einen Bericht lockerer und ausführlicher schreiben.
- Setzen Sie Akzente auf die Informationen, die Ihnen für die Leserschaft als besonders wichtig erscheinen.

Das Protokoll

Im Berufsleben werden häufig Protokolle geführt, so z.B. bei Verhandlungen und Geschäftsbesprechungen.

Es gibt verschiedene Protokolltypen:

- Ein **Verlaufsprotokoll** gibt alle Einzelheiten in der richtigen Reihenfolge wieder.
- Ein **Ergebnisprotokoll** nennt nur die wichtigsten Punkte, auf die sich die Gesprächspartner geeinigt haben.
- Ein **Gedächtnisprotokoll** wird nach Ablauf eines Gesprächs aus der Erinnerung heraus erstellt.

Bei der Erstellung von Protokollen sind einige Punkte zu beachten:

- Der Inhalt des Gesprächs, der Sitzung, der Besprechung muss inhaltlich richtig wiedergegeben werden.
- Nichts Wichtiges darf ausgelassen werden.
- Aussagen und Ergebnisse dürfen nicht interpretiert oder kommentiert werden.

Machen Sie sich während der Zusammenkunft Notizen, in denen Sie alle wichtigen Einzelheiten festhalten. Anträge, die zur Abstimmung kommen, sind wörtlich zu zitieren.

Nach dem Ende des Treffens formulieren Sie mit Hilfe Ihrer Notizen den Protokolltext. Bringen Sie dazu die Notizen verkürzt und vereinfacht in die richtige chronologische oder systematische Reihenfolge. Unwichtige Informationen können Sie streichen.

Die Rede

Ihr Unternehmen feiert einen runden Geburtstag, ein Kollege verlässt den Betrieb und Sie sollen eine Rede halten. Für viele ist das ein Grund zu Verzweifeln, dabei ist eine gute Rede, falls klar strukturiert, kein Ding der Unmöglichkeit. Beachten Sie folgende Punkte:

- Formulieren Sie die Botschaft in einem zentralen Satz, er dient als „Haken", an dem Sie die Rede aufhängen.
- Sammeln Sie Material, mit dem Sie ihre Botschaft ausschmücken. Neben inhaltlichen Argumenten ist es wichtig, auch Beispiele, Zitate etc. einzubauen. So wirkt Ihre Rede anschaulicher und weckt Emotionen.
- Sorgen Sie für einen roten Faden. Eine Rede kann nur überzeugen, wenn sie klar strukturiert ist. Dazu sollten Sie Ihre Rede in Anfangs-, Haupt- und Schlussteil aufteilen. Beschränken Sie außerdem die Anzahl von Gedanken, die Sie einbauen wollen auf das Nötigste. Je mehr Gedanken und Ideen sie einbauen, desto schwerer wird es für Ihre Zuhörer Ihnen zu folgen.

Gliedern Sie Ihre Rede am Besten nach diesem Schema:

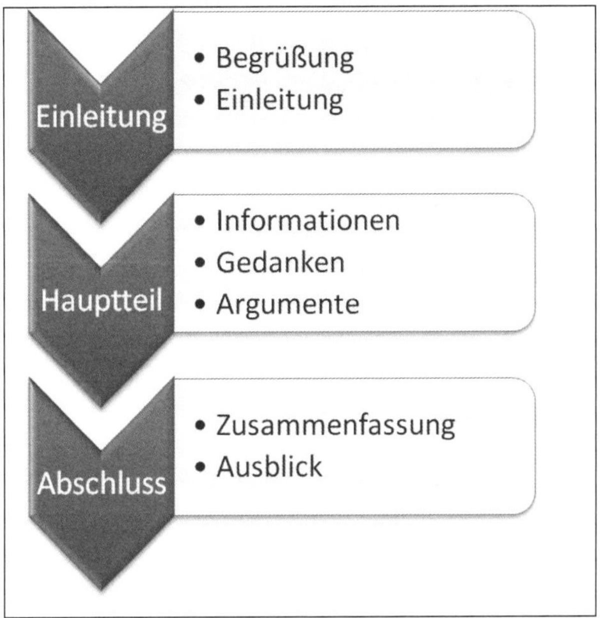

Bei einer Rede sollten Sie großes Augenmerk auf sprachliche Mittel legen. Es überfordert Ihre Zuhörer, wenn sie für längere Zeit abstrakt denken müssen. Benutzen Sie statt bloßer Fakten eine bildhafte Sprache.

Sparen Sie nicht mit Erlebnissen, Zitaten, Vergleichen, Anekdoten, Beispielen. Sie machen Ihre Rede lebendig.

Auch Zitate und Bonmots lassen sich gut in eine Rede einflechten.

Die Pressemitteilung

Artikel in einer Zeitung sind kostenlose Werbung oder Öffentlichkeitsarbeit. Informieren Sie also regelmäßig Zeitungen über Ihre wichtigen Aktivitäten. Prüfen Sie vorab, ob die Neuigkeiten Ihres Betriebs für die Öffentlichkeit von Interesse sind, bevor Sie die Mitteilung verschicken. Wenn sich das Gründungsdatum Ihres Unternehmens zum achten Mal jährt, hat dies für die Öffentlichkeit keinen besonderen Nachrichtenwert. Folgerichtig wird der Redakteur sich nicht näher damit beschäftigen wollen.

Verzichten Sie auch auf allgemeine Kommentare oder umständliche Erklärungen.

- Machen Sie auf Anhieb klar, wer der Absender ist. Ihr Briefkopf sollte eindeutig sein.
- Nennen Sie Ansprechpartner für Rückfragen.
- Wählen Sie eine ansprechende Überschrift um Aufmerksamkeit zu erregen.
- Antworten Sie auf alle W-Fragen direkt im ersten Teil Ihrer Nachricht: Wer? Was? Wann? Wo? Wie? Und Warum? So nehmen Sie dem Redakteur Arbeit ab.

Nutzen Sie die Gelegenheit um Journalisten in einigen persönlichen Zeilen kurze, zusätzliche Informationen geben, auf einen weiteren Termin hinweisen oder zum Gespräch einladen.

Die Anleitung

Anleitungen schreiben ist besonders bei Einweisungen von neuen Mitarbeitern oder an neuen Geräten wichtig.

- Legen Sie zuerst fest, welcher Anleitungstyp am besten zu Ihrem Thema passt. Unterscheiden Sie z.B. zwischen reiner Bildanleitung und einer Anleitung mit ausführlicherem Text.
- Klären Sie dann, ob Sie die schnellste Lösung für das Problem, zu welcher die Anleitung Abhilfe schaffen soll, wirklich kennen.
- Machen Sie eine Liste über die Reihenfolge, in welcher die Bild- oder Textabschnitte sinnvoll angeordnet werden müssen.
- Bringen Sie während des Schreibens nie zu viele Schritte auf einmal in einer Anweisung unter.
- Schreiben Sie in Ihre Anleitung keine ausschweifenden Erklärungen, es reichen meist kurze Anweisungen.

Achten Sie darauf, in Gebrauchsanweisungen möglichst vertraute Begriffe zu verwenden. Übernehmen Sie nicht unnötig englische oder anderssprachige Wörter innerhalb des deutschen Textes, z.B.: *on* für *an* und *off* für *aus*. Auf dem Titelblatt einer Bedienungsanleitung sollte immer der Name des Produkts zu lesen sein.

Der Lerntext

Sie schreiben, damit andere mit und über Ihre Texte etwas lernen. Dann ist es naheliegend, den Text so aufzubauen, dass er das Lernen sonachhaltig wie möglich unterstützt. Das erreichen Sie, wenn Sie sich an die folgende Struktur halten:

Machen Sie dem Leser als erstes deutlich, warum es sich lohnt, den Text zu lesen und sich mit dem Thema auseinander zu setzen.

Geben Sie ihm dann einen kurzen Überblick über den Stoff. Dies dient der besseren Strukturierung.

Geben Sie dann die Informationen, die Sie für wichtig halten und die den Leser interessieren (sollten). Schreiben Sie einfach und anschaulich, denn der Leser kennt sich ja mit dem Thema noch nicht aus.

Geben Sie ein Beispiel, zeigen Sie dem Leser die Alltagsrelevanz des Themas auf.

Stellen Sie ans Ende eine Zusammenfassung, stellen Sie wichtige Merkposten heraus.

Regen Sie den Leser abschließend an, sich Gedanken zu machen, wie er das Gelernte für sich selbst nutzen kann.

Übrigens: Die Struktur gilt für den gesamten Lerntext, aber auch für jedes einzelne Kapitel.

Stoff strukturieren

Ihre nächste Aufgabe ist es, die oft sehr komplexen Zusammenhänge herunter zu brechen und für den Leser verständlich zu machen. Das darf aber nicht dazu führen, dass die Inhalte zu stark vereinfacht und damit verzerrt weitergegeben werden.

Als Erstes machen Sie sich bitte eine Liste mit Ideen:

- Was gehört an Inhalten zum Thema?
- Was könnte die Adressaten interessieren?
- Welche Hintergrundinformationen müssten Sie vermitteln?

Sie werden schnell eine Fülle von Gedanken gesammelt haben - wahrscheinlich zu viele. Konzentrieren Sie sich im ersten Schritt auf die **Muss-Inhalte**. Muss-Inhalte sind die Informationen, die der Leser unbedingt haben muss. Sonst versteht er die Zusammenhänge nicht, das Bild bleibt unvollständig. Muss-Inhalte bilden das Grundgerüst, den roten Faden Ihres Textes.

Versuchen Sie die einzelnen Themen (Kapitel) so zu strukturieren, dass Sie maximal fünf inhaltliche Aspekte ansprechen.

Bringen Sie die Themen in eine logische Reihenfolge.

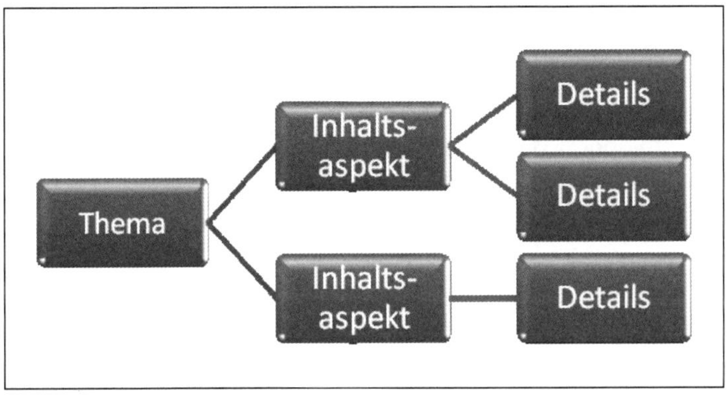

Oft hilft eine **Skizze,** um sich die Zusammenhänge selbst vor Augen zu führen.

Durch das Schaubild werden auch die Möglichkeiten deutlich, die Sie bei der Strukturierung haben.

Es gibt das induktive und das deduktive Vorgehen.

Beim **deduktiven Verfahren** wird mit allgemeinen Prinzipien angefangen und daraus Detailwissen abgeleitet und erklärt.

Beim **induktiven Verfahren** ist das Vorgehen genau umgekehrt: Erst werden Alltagserfahrungen und -fälle besprochen, dann daraus auf Gemeinsamkeiten und allgemeine Regeln geschlossen.

Alternativ können Sie zur Strukturierung die Methode **Mind-Mapping** nutzen. Die Grundidee des Mind-Mapping ist einfach: Assoziationen zu einem Thema werden gesammelt, visualisiert und gleichzeitig strukturiert. Das Ergebnis ist ein Mind-Map, eine Gedankenkarte. Damit bedient sich das Mind-Mapping derselben Prinzipien wie unser Gehirn, wenn es Informationen verarbeitet: Auch hier spielen Begriffe, Assoziationen und Verknüpfungen eine wichtige Rolle.

Weitere Vorteile dieser Methode:

- Die Reduktion auf Begriffe und Verknüpfungen zwingt zu einer klaren Strukturierung.
- Durch die grafische Darstellung werden Zusammenhänge deutlich.
- Durch die Kombination von Begriffen und Bildern werden beide Gehirnhälften aktiviert. Eine Mind-Map haftet gut im Gedächtnis.

Nehmen Sie ein großes Blatt Papier im Querformat. So haben Sie Platz in alle Richtungen. Beginnen Sie mit dem Thema Ihres Textes als zentralem Schlüsselwort. Schreiben Sie dieses Schlüsselwort mitten auf das Blatt in einen Kreis, symbolisch betrachtet in die Mitte eines gezeichneten Baumstamms.

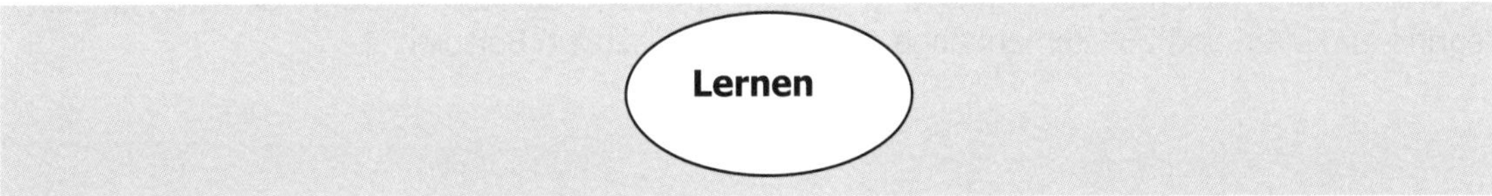

Suchen Sie danach Hauptgedanken (Unterbegriffe), die zu dem Thema gehören. Diese Hauptgedanken zweigen in der Zeichnung wie Zweige vom Stamm ab.

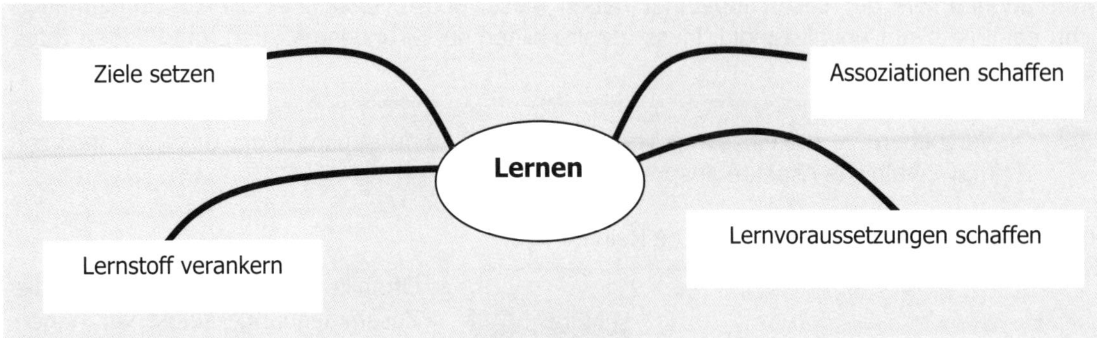

Diese Hauptgedanken können durch weitere Gedanken, die wiederum Unterbegriffe darstellen, weiter differenziert und als weitere Verästelungen dargestellt werden. Man kann Zweigen und Ästen Zahlen zuordnen. Das hilft Ihnen, Prioritäten zu setzen.

Bei der Erstellung von Mind-Maps gelten einige wenige Regeln:

- Verwenden Sie möglichst nur Stichwörter.
- Schreiben Sie die Begriffe so an die Zweige und Äste, dass Sie sie ohne Kopfverrenkungen betrachten können.
- Schreiben Sie wegen der besseren Lesbarkeit mit Druckbuchstaben.
- Verwenden Sie verschiedene Farben zur Verdeutlichung von Gemeinsamkeiten, Unterschieden, Zusammenhängen.

Zusätzlich lassen sich Symbole für Anmerkungen nutzen:

! Wichtiger Punkt

 Kritischer Punkt

 Gute Idee, weiter ausbauen

? Unklarer Punkt.

Probieren Sie die Methode aus. Sie werden sehen: Sie leistet Ihnen gute Dienste bei der Strukturierung Ihrer Texte.

Ziele mit Inhalten verbinden

Eine Regel vorweg: Wichtiges gehört immer an den Anfang, danach folgen die Details.

Bei der Frage, welche Informationen Sie in welcher Tiefe vermitteln wollen, hilft Ihnen die Frage nach dem Ziel, das Sie mit dem Schreiben verbinden.

Sie wollen Informationen vermitteln und Zusammenhänge darstellen. Dann ist Ihre Aufgabe, Begriffe zu klären und Zusammenhänge zu erläutern. Dazu ein Beispiel:

Begriffe klären

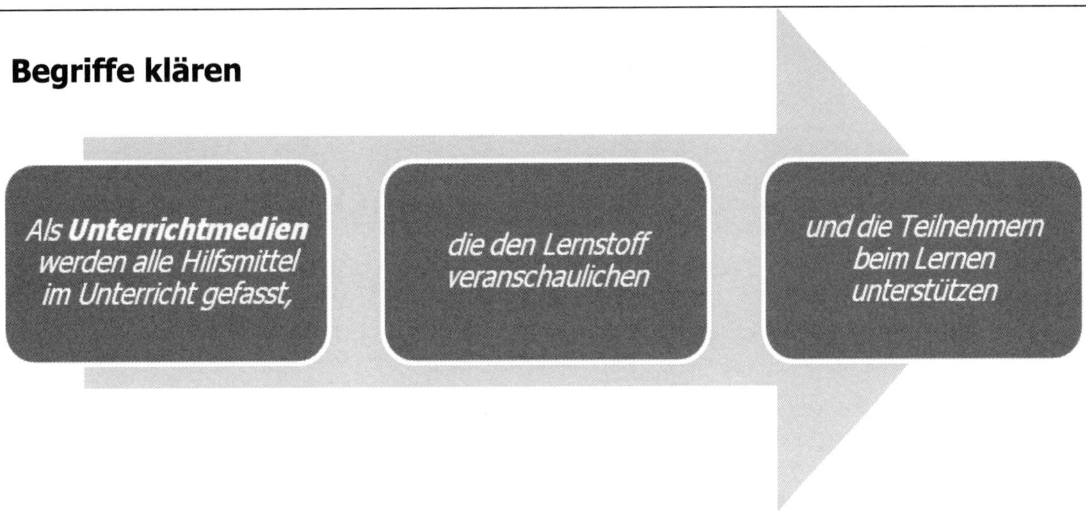

Zusammenhänge erläutern

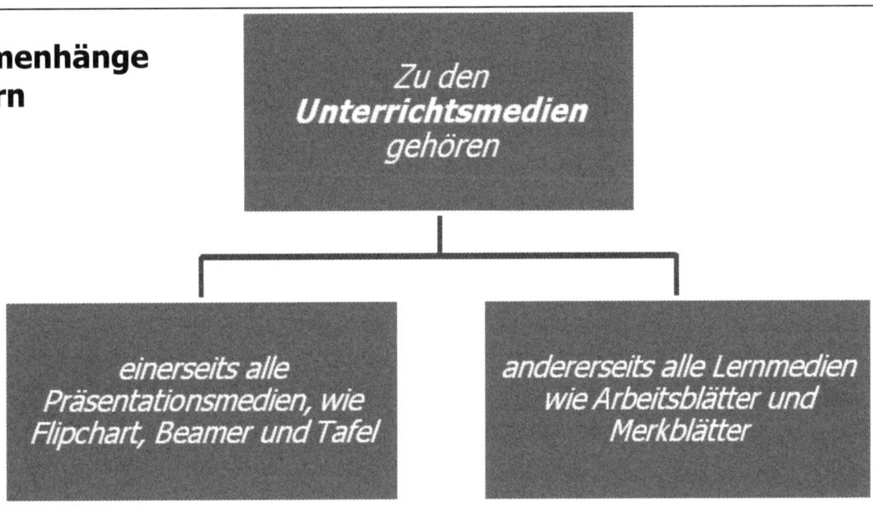

Sie wollen dem Leser einen tieferen Einblick ermöglichen, ihn dazu bringen, sich intensiver mit dem Thema auseinander zu setzen. Dann stehen Ihnen zwei Möglichkeiten zur Verfügung:

Verdeutlichen

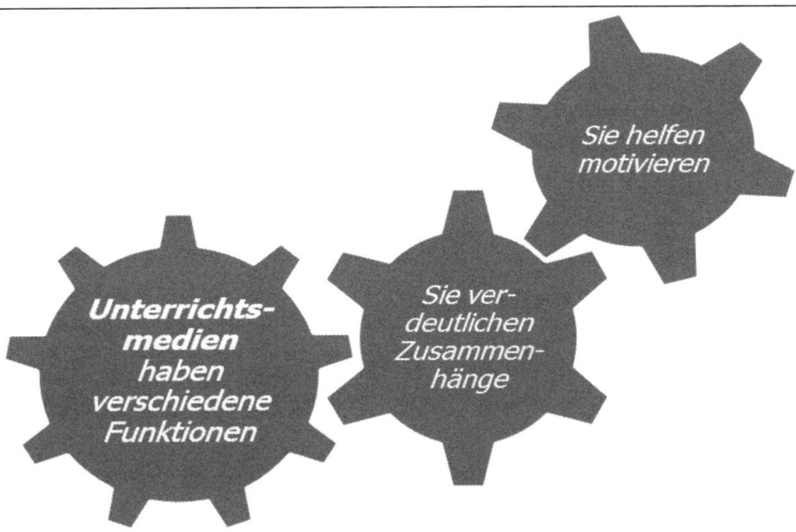

Veranschaulichen

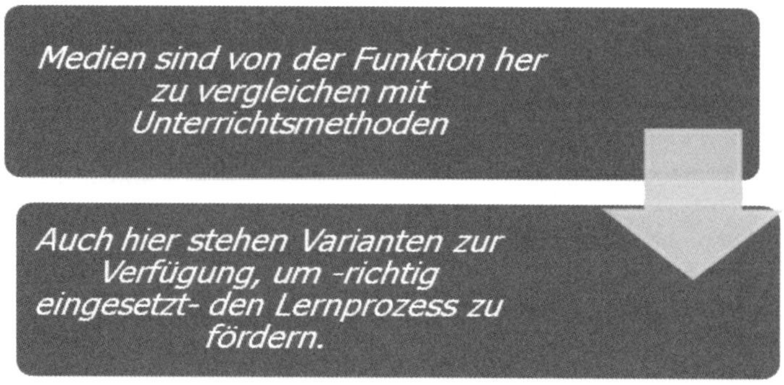

Sie wollen die Praxisrelevanz aufzeigen oder Sie wollen über Anschaulichkeit das Verstehen erleichtern. Dann sollten Sie den **Bezug zur Praxis** schaffen.

Fälle anführen

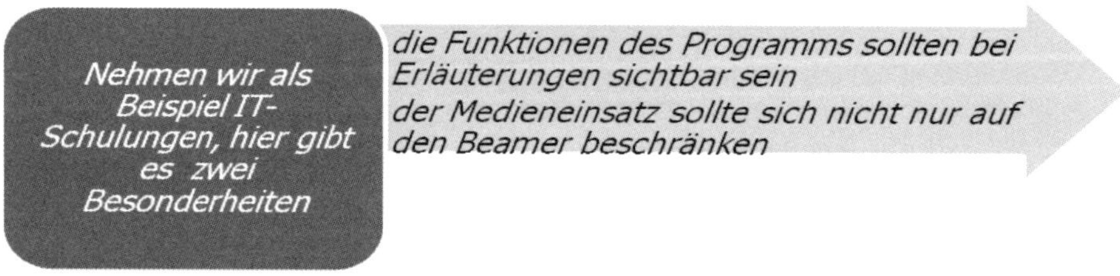

Situationen beschreiben

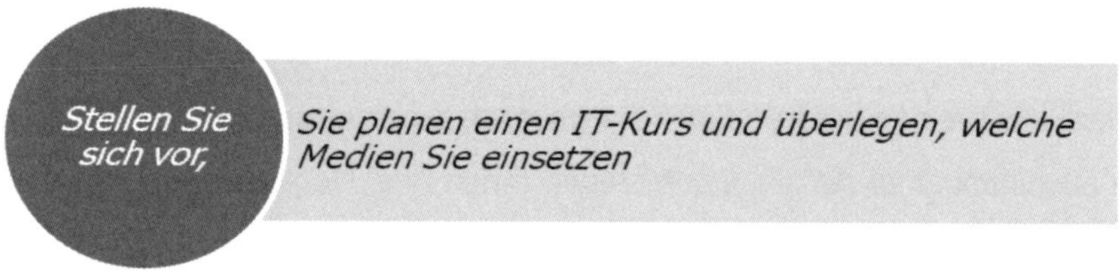

Sie wollen den „mündigen Leser", ihn dabei unterstützen, sich ein eigenes Urteil zu bilden.

Vor- und Nachteile aufzeigen

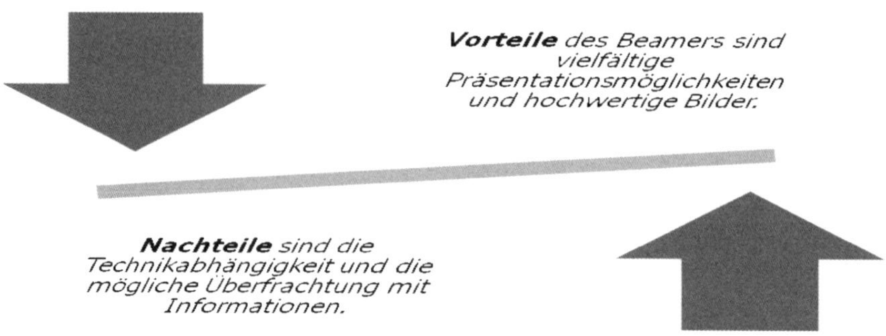

Als zweite Möglichkeit können Sie Situationen aufzeigen oder den Leser in Situationen versetzen

Beurteilungskriterien aufzeigen

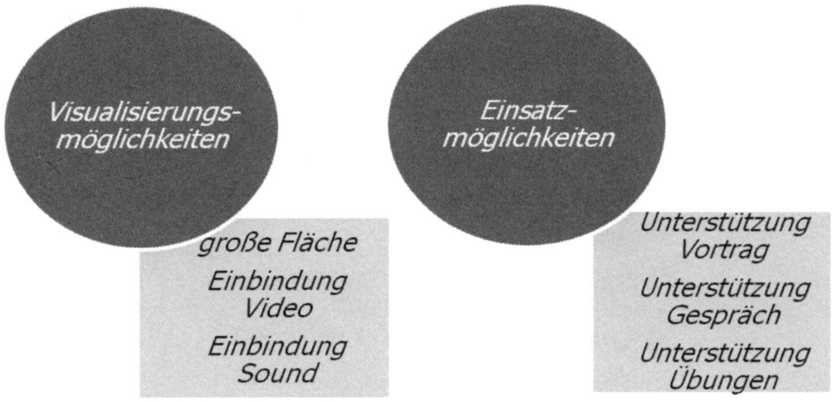

Zur systematischen Planung können Sie das folgende Formblatt nutzen, gehen Sie dabei von der Strukturierung in Themen und Inhaltsaspekte aus:

Thema ______________________

Inhaltsaspekt ______________________

Ziel	**Stichworte**
❑ Begriffe erklären	______________________
❑ Zusammenhänge erläutern	______________________
❑ Verdeutlichen	______________________
❑ Veranschaulichen	______________________
❑ Fälle anführen	______________________
❑ Situationen beschreiben	______________________
❑ Vor- und Nachteile aufzeigen	______________________
❑ Beurteilungskriterien benennen	

Inhaltsaspekt ______________________

Ziel	**Stichworte**
❑ Zusammenhänge erläutern	______________________
❑ Verdeutlichen	______________________
❑ Veranschaulichen	______________________
❑ Fälle anführen	______________________
❑ Situationen beschreiben	______________________
❑ Vor- und Nachteile aufzeigen	______________________
❑ Beurteilungskriterien benennen	

Inhaltsaspekt ______________________

Ziel	Stichworte
☐ Zusammenhänge erläutern	______
☐ Verdeutlichen	______
☐ Veranschaulichen	______
☐ Fälle anführen	______
☐ Situationen beschreiben	______
☐ Vor- und Nachteile aufzeigen	______
☐ Beurteilungskriterien benennen	

Überzeugungsarbeit leisten

Nicht selten weden Texte geschrieben, um die Leser von etwas zu überzeugen. Solche Texte werden als **appellative Texte** bezeichnet. Damit rücken die beiden Fragen in den Mittelpunkt:

- Welche Vorteile für die Leser kann und soll ich darstellen?
- Welchen Nutzen kann ich den Lesern darstellen?

Der hauptsächliche Unterschied in der Textgestaltung ist, dass neben die Informationen Argumente treten. Denn wer andere von seiner Sichtweise und seinen Vorschlägen überzeugen will, muss gute Argumente haben. Der erste Schritt auch hier ist: Sammeln Sie viele und möglichst treffende Argumente. Denken Sie dabei an die Leser: Welche Argumente könnten sie überzeugen?

Mit Hilfe der zwei Kriterien „sachliche Überzeugungskraft“ und „Nutzen für den Leser“ können Sie im zweiten Schritt Ihre Argumente bewerten und gewichten.

Argumente gewichten

Wirkung	sachliche Überzeugungskraft	Nutzen für den Gesprächspartner
	Argumente:	Argumente:
stark	1.	1.
	2.	2.
	3.	3.
mittel	1.	1.
	2.	2.
	3.	3.
schwach	1.	1.
	2.	2.
	3.	3.

Wenn Sie argumentieren, sollten Sie auf drei Dinge achten:

1. Bringen Sie wenige, aber überzeugende Argumente.

   Beschränken Sie sich auf die Argumente, die aber ins Gewicht fallen und über die Ihr Leser nicht hinwegsehen kann. Lieber nicht gleich zu Beginn sein ganzes Pulver verschießen, lieber noch Argumente in der Hinterhand halten. Zu viele Argumente auf einmal erwecken beim Leser den Eindruck, dass Sie ihn „überrollen" und ihm die Entscheidungsfreiheit nehmen wollen.

2. Achten Sie auf die Reihenfolge Ihrer Argumente.

   Wenn Sie Ihren Standpunkt vortragen, sollten Sie wissen, in welcher Reihenfolge Sie welche Argumente bringen.

Welche Vor- und Nachteile hat es,

1. erst die starken Argumente zu bringen, dann die schwächeren Argumente?

Vorteile	Nachteile

2. die stärkeren Argumente hinter die schwächeren Argumente zu stellen?

Vorteile	Nachteile

3. stärkere und schwächere Argumente abwechselnd vorzutragen?

Vorteile	Nachteile

Eine allgemeine Regel, wann man welche Argumente im Text vorbringt, gibt es nicht.

Vermeiden sollten Sie aber, Ihr schwächstes Argument am Anfang anzuführen oder ans Ende zu stellen, weil am Anfang genauso wie am Ende die Aufmerksamkeit Ihrer Leser hoch sein wird. Möglicherweise schießen sie sich gedanklich auf das erste Argument ein.

Bauen Sie deshalb eine **Argumentationsstraße**. Bringen Sie zu Beginn ein gewichtiges Argument, unterfüttern Sie dies mit schwächeren Argumenten, die dazu passen, leiten Sie mit schwächeren Argumenten über zu zwei, drei starken Elementen, die Sie am Ende platzieren.

Haben Sie ausreichend viele starke Argumente, können Sie in die Mitte Ihrer Argumentationsstraße noch weitere gewichtige Argumente konzentrieren.

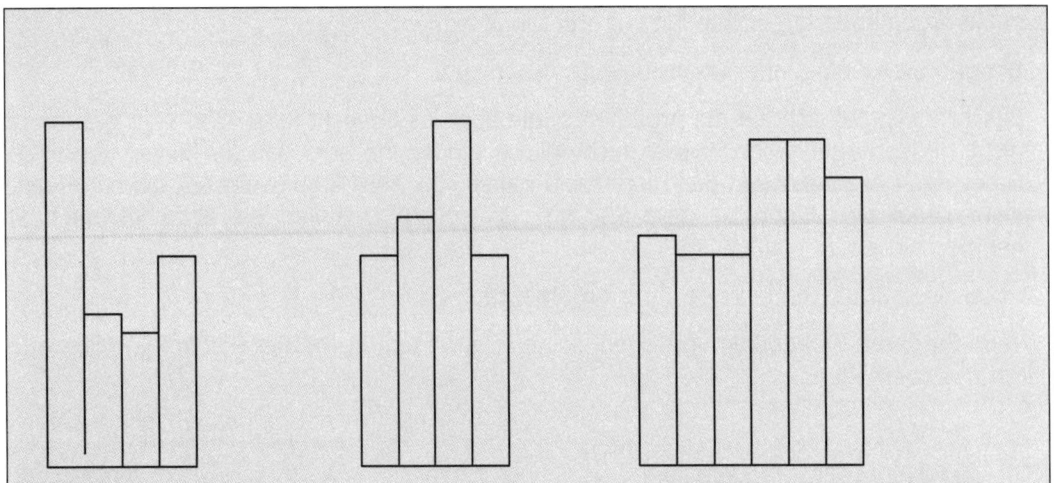

Was Sie sonst noch tun können:

1. Geben Sie zu jedem Argument eine ausführliche Begründung.

Bsp Das ist deshalb wichtig, weil ....

2. Machen Sie konkrete Aussagen, schaffen Sie Bilder, führen Sie Fakten und Zahlen an, nennen Sie Beispiele.

Bsp Das bedeutet für Sie eine Zeitersparnis von ...

3. Zeigen Sie die Vorteile für den Leser auf.

Bsp Diese Zeit können Sie nutzen, um ....

4. Zusätzlich können Sie Ihre Argumente visualisieren, grafisch darstellen.
5. Wichtige Argumente können Sie am Schluss noch einmal wiederholen, dann prägen sie sich besser ein.

Schreibhemmungen begegnen

Die Vorüberlegungen sind abgeschlossen, Ihr Konzept steht, jetzt kann es losgehen. Und gerade dann tauchen bisweilen Schwierigkeiten auf. Ihnen fehlen die Worte, elegante Formulierungen wollen Ihnen partout nicht einfallen.

Schreiben ist keine seltene Begabung, sondern etwas, was wir alle können. Auch wenn uns bisweilen drei Dinge hindern:

- Wir gehen mit Unlust ans Schreiben. Bis morgen muss ich den blöden Bericht fertigstellen.
- Wir reden uns selbst ein, dass wir nicht schreiben können – verstärkt vielleicht durch schlechte Noten in Deutschunterricht.
- Wir versuchen uns besonders viel Mühe zu geben, uns „gewählt" auszudrücken, denn Schriftliches bleibt und sollte kein negatives Zeugnis über uns abgeben.

Alle drei Haltungen führen schnell zu Schreibhemmungen. Dabei ist Schreiben nicht schwerer als Reden. Und wer würde von sich behaupten, dass er nicht reden könnte?

Gehen solche Befürchtungen und Vorurteile hilft nur eines: Schreiben Sie frei drauf los. Achten Sie weder auf die Klarheit Ihrer Gedanken, noch die Brillianz Ihrer Formulierungen. Das ist auch gar nicht nötig. Im Zeitalter des Computers können Sie im zweiten Schritt so lange am Text feilen, wie Sie möchten.

Was können Sie tun, wenn Sie Schwierigkeiten beim Formulieren bekommen, wenn Sie eine Schreibblockade „erwischt"?

Die wichtigste Regel:

Lassen Sie Ihren Gedanken freien Lauf. Schreiben Sie alle Gedanken auf, und wenn sie Ihnen auf den ersten Blick noch so „unreif" erscheinen. Im zweiten Schritt können Sie immer noch an Ihrem Text feilen. Das geht mit dem Computer ja sehr einfach.

Häufig liegt der Grund für Schwierigkeiten beim Formulieren schlicht darin, dass Sie sich zu viel Mühe geben, sozusagen um jedes Wort ringen. Und dass Sie sich selbst gegenüber zu kritisch sind. Denken Sie bitte an die Ziele, die Sie mit dem Schreiben erreichen wollen: Sie wollen die Leser möglichst gut informieren, sie bisweilen überzeugen oder vielleicht auch unterhalten. Hingegen geht es weniger darum, mit einer geschliffenen Sprache Eindruck zu schinden, sich als Fachmann zu profilieren und zu zeigen, welche immensen Fachkenntnisse Sie besitzen und wie „wissenschaftlich" Sie sich ausdrücken können.

Und wenn Sie eine tatsächlich Schreibhemmung haben: Machen Sie eine Pause, entspannen Sie sich, tun Sie etwas völlig anderes. Besonders gut geeignet sind Tätigkeiten, die Ihnen den Kopf frei machen, im Büro sich einen Kaffee holen, Schriftstücke einsortieren, zu Hause Kochen, Bügeln oder Unkraut im Garten zupfen. Sozusagen im Hintergrund wird Ihr Gehirn sich weiter mit dem Thema auseinander setzen und Ihnen nach einiger Zeit die Ideen und Formulierungen liefern, nach denen Sie so „verzweifelt" gesucht haben. Eine gute Möglichkeit ist auch ein Spaziergang. Aber nehmen Sie ein Notizblock und einen Kuli mit, damit Sie Ihre Ideen gleich aufschreiben können.

Beginnen Sie mit dem Schreiben bei den Gedanken und bei den Themen, die Ihnen leicht von der Hand gehen. Teile wie die Einführung können Sie ohnehin besser ausformulieren, wenn Sie einen guten Teil des Textes bereits geschrieben haben.

Hilfreich ist es auch, sich noch einmal das Mindmap zu Ihrem Text anzusehen. Eines der Stichworte löst vielleicht einen Geistesblitz bei Ihnen aus.

Zusammenfassung

Finden Sie Ihre Hauptaussage.

Entscheiden Sie sich für eine Textsorte.

Teilen Sie Ihre Texte in einzelne Kapitel oder Sinnabschnitte ein.

Überlegen Sie, welche inhaltlichen Aspekte Sie bei den einzelnen Themen ansprechen wollen.

Nutzen Sie Strukturierungshilfen, um sich die Zusammenhänge zu verdeutlichen.

Orientieren Sie sich an den Zielen der Vermittlung.

Warten Sie auf gute Ideen - sie kommen bestimmt

Was wollen Sie von den Hinweisen in diesem Kapitel umsetzen? Schreiben Sie sich bitte alle wichtigen Punkte auf. Nutzen Sie dazu die Umsetzungshilfe am Ende dieses Arbeitsheftes.

Schritt 2: Verständlichkeit sichern

Wenn Sie mit Ihrem Text Ihre Leser wirklich erreichen wollen, müssen die natürlich erstmal verstehen, was Sie meinen. Dabei kommt es wieder darauf an, an wen sich Ihr Text wendet. Schreiben Sie für oder an einen Fachkollegen, können Sie natürlich Ihre Fachsprache nutzen. Denn der Leser ist mit den Fachtermini vertraut. Allerdings freut sich auch der Fachmann, wenn Sie sich fachlich korrekt **und** verständlich ausdrücken.

Anders sieht es bei Texten aus, die sich an „Laien" wenden, genauer gesagt an Menschen, die Sie nicht kennen und bei denen Sie nicht einschätzen können, wie gut sie sich mit der Materie bereits auskennen. Hier sollten Sie sich besonders um eine verständliche Sprache bemühen.

Was zeichnet verständliche Texte aus?

Bitte lesen Sie den folgenden Text durch. Schätzen Sie anschließend ein, was Ihnen positiv und was Ihnen negativ aufgefallen ist.

Satz

Sicheres Auftreten und das Charisma einer Person ist in vielen Situationen, ob bei Präsentation, in Meetings, bei Führungsaufgaben, in der Kommunikation, bei Konflikten, von tragender Bedeutung, manchmal fast zwingend, denn am Auftreten hängt die Wirkung und die Leuchtkraft einer Person. 1

Im Auftreten zeigt sich die Positionierung Ihrer eigenen Persönlichkeit innerhalb eines sozialen Gefüges, der Hierarchie, einer Beziehung. 2

Nach dem Kommunikationsmodell „Vier Seiten einer Nachricht" von Schulz von Thun offenbart sich im Auftreten und im interpersonellen Kontakt entweder das eigene Selbst oder es zeigt sich, wie Sie die Beziehung zum Gegenüber sehen - und zwar verbal und nonverbal. 3

Dabei können sich Selbst- und Fremdwahrnehmung, d.h. das eigene Sicherheitsgefühl und die Wirkung des eigenen Auftretens, bei anderen Personen unterscheiden, entscheidungsrelevant sind sie aber immer. 4

Das finde ich positiv ...	Das finde ich negativ ...

Wir kommen noch auf Ihr Ergebnis zurück.

Verständliche Sprache ist **einfache Sprache.** Zu unterscheiden sind dabei die **Wortebene** und die **Satzebene**.

Bitte überlegen Sie: Was macht Wörter und Sätze einfach oder schwierig? Schreiben Sie Ihre Gedanken in Stichwörtern auf**.** Greifen Sie dabei auf die Stichwörter zurück, die Sie sich bei der Analyse des Textes gemacht haben.

Wörter sind einfach, wenn sie	Wörter sind schwierig, wenn sie
______________________	______________________
______________________	______________________
______________________	______________________
______________________	______________________
______________________	______________________

Sätze sind einfach, wenn sie	Sätze sind schwierig, wenn sie
______________________	______________________
______________________	______________________
______________________	______________________
______________________	______________________

Verständliche Wörter gebrauchen

Wie viele Wörter umfasst eine Sprache und wie viele kennt ein Nutzer dieser Sprache?

Der Wortschatz der englischen Sprache umfasst derzeit ungefähr 700.000 Wörter, das Deutsche dürfte etwas weniger Wörter umfassen, allerdings mehr als Sprachen wie Französisch und Italienisch. Man schätzt den Umfang auf 650.000 Wörter. Sprachen verändern sich. Zu Zeiten Shakespeares gab es gerade mal knapp über 100.000 Wörter im Englischen.

Das ist allerdings der **Gesamtwortschatz** inklusive aller Fachsprachen und wer kennt schon Fachbegriffe wie *Transsubstantiation* und *Suprasegmentalia*.

Mit etwa 6000 Wörter gelingt es, im Alltag sprachlich zurecht zu kommen. Bildzeitungsleser benötigen ca. 4000 Wörter, um die Artikel zu verstehen.

Ein Muttersprachler mit einer guten Schulausbildung verfügt durchschnittlich über einen Wortschatz von 20.000 bis 30.000 Wörtern, nutzt aber nur einen Teil davon selbst.

Dabei brauchen Sie lediglich 900 Wörter, um über 90 Prozent Ihrer Äußerungen zu tätigen. Das sind häufige Wörter wie *ich, haben, weil, gehen, soll, bitte*. Die Wörter, auf die es ankommt, weil sie den Kern der Aussage ausmachen, machen die restlichen zehn Prozent aus. Man nennt sie **Inhaltswörter**. Je komplexer die Aussage, desto mehr Inhaltswörter (ge-)brauchen Sie.

Die Regeln für leicht verständliche Wörter lauten:

Regel 1: Benutzen Sie geläufige und bekannte Wörter

Schriftsprache wirkt häufig sehr gedrechselt und gestelzt. Das liegt unter anderem daran, dass Autoren gerne Begriffe und Wendungen benutzen, die sich in der Alltagssprache nicht wiederfinden lassen.

Bsp

Sehr viel leichter zu verstehen als „Mit dem gebotenen Nachdruck muss darauf hingewiesen werden, dass..." ist „Besonders wichtig ist ..."

Geläufige Wörter werden schneller erkannt und schneller im Gehirn verarbeitet, unbekannte Wörter hingegen sind Stolperfallen. Spätestens wenn der Leser innehalten muss um die Bedeutung des Wortes nachzuschlagen, wird der Gedankenstrom unterbrochen. Jede

Unterbrechung erfordert dann wieder ein neues Sammeln und Einlesen.

Ungeläufige Wörter sind nicht automatisch Fachbegriffe oder Fremdwörter. Der Gesamtwortschatz beinhaltet auch erstaunlich viele Begriffe, die kaum noch jemand nutzt und langsam in Vergessenheit geraten.

Denn nicht nur Sprachen sterben aus, auch Wörter ereilt dieses Schicksal. Wer nutzt noch Wörter wie *Aufgebot, Larifari, Bandsalat, Pillenknick, Mostert, Abtritt, Erdapfel, Blümchenkaffee, Ersatzkaffee, Brimborium, Kopfputz, Mauerspecht, Liebestöter* oder *Klimbim*? Teilweise brauchen wir diese Wörter schlicht nicht mehr, weil die Technik voranschreitet (*Bandsalat*) oder die Gesellschaft sich ändert (*Pillenknick*), teilweise geraten Begriffe schlicht aus der Mode (*Mostert*). Mittlerweile gibt es in Deutschland sogar Initiativen, die bedrohte Wörter retten wollen. Dies dürfte aber noch schwieriger als bei bedrohten Tieren sein.

Regel 2: Verzichten Sie auf unnötige Fremdwörter

Fremdwörter lassen sich fast immer durch eine deutsche Entsprechung ersetzen, ohne dass Informationen verloren gehen.

Bitte sehen Sie sich das Eingangsbeispiel an. Welche Fremdwörter ließen sich durch entsprechende deutsche Begriffe ersetzen?

Formulierung	Verbesserungsvorschlag
______________________	______________________
______________________	______________________
______________________	______________________

Der Begriff *Charisma* im ersten Satz kann ganz entfallen, weil der deutsche Begriff Ausstrahlung ja schon im Text steht, beim Begriff *Meeting* kann man unterschiedlicher Ansicht sein, einerseits gibt es mit *Besprechung* und *Treffen* vergleichbare deutsche Begriffe, andererseits ist der Begriff *Meeting* schon so eingebürgert, dass er den meisten Menschen geläufig sein dürfte.

Um einige Fremdwörter kommt man nicht herum - schlicht, weil es keine deutsche Entsprechung gibt (*Flipchart, Beamer*). Andere können Sie ruhig nutzen, weil die Mehrzahl der Leser sie ohnehin versteht (*Mobbing, Chart*). Die Grenzen zwischen Fremdwörtern und deutschen Entsprechungen sind ohnehin fließend. Sprache entwickelt sich, weshalb ein deutsches Wort wie *berenten* schwerer zu verstehen sein kann als ein eingeführtes Fremdwort wie *Ironie*.

Regel 3: Vermeiden Sie - wann immer möglich - Fachausdrücke.

Fachausdrücke versteht nicht jeder. Was für Sie vielleicht klar ist, bleibt für den Leser unter Umständen unverständliches „Kauderwelsch".

Als Hilfe können Sie Fachbegriffe in zwei Kategorien ordnen:

1. Wörter, die meine Leser wahrscheinlich verstehen.

Dann gibt es keine Probleme, vielleicht verdeutlichen Sie die Begriffe zur Sicherheit noch einmal, etwa über ein Beispiel.

2. Wörter, die meine Leser nur verstehen, wenn sie nachdenken

Dann sollten Sie den Begriff beim ersten Mal erklären und zur Sicherheit zusätzlich ins Glossar aufnehmen.

Überlegen Sie bei jedem Fachbegriff, ob er zwingend erforderlich ist. Lautet die Antwort *Ja*, sollten Sie den Begriff erklären.

Wo gibt es im Beispieltext Fachausdrücke, die der Autor wohl erklären müsste?

Ausdrücke

____________________ ____________________

____________________ ____________________

Mindestens zwei Begriffe gehören zur Fachsprache *interpersonell* und *nonverbal*. Der erste Begriff lässt sich gut mit *zwischenmenschlich* übersetzen. Nonverbal müsste man wohl erläutern: *Der Ausdruck steht für alle körpersprachlichen Signale, für den Blickkontakt, für Gestik und Mimik und für das Auftreten*. Wobei auch diese Erklärung wieder Fachbegriffe enthält.

Regel 4: Verzichten Sie auf Abkürzungen

Für Experten sind Abkürzungen wie BGB oder ROM selbstverständlich. Für einen Laien bleiben sie dagegen oft rätselhaft. Verwenden Sie deshalb nur Abkürzungen, die allgemein üblich sind - wie *bzw.* für *beziehungsweise* oder *z.B.* für *zum Beispiel*. Noch verständlicher wird Ihr Text, wenn Sie auf Abkürzungen komplett verzichten.

Kommen Sie um Abkürzungen nicht herum, sollten Sie sie beim ersten Erwähnen in Klammern hinter das ausgeschriebene Wort stellen, etwa *Balanced Scorecard (BSC).*

Regel 5: Vermeiden Sie Wortungetüme

Je länger ein Wort ist, desto unverständlicher und sperriger wird es. Ein langes Wort klingt zudem häufig abstrakt. In der Alltagssprache werden lange Wörter daher oft im Laufe der Zeit verkürzt: *Autobus* wird zu *Bus* und aus *Automobil* wird einfach *Auto*. Häufig lassen sich viele sperrige Wörter durch **kürzere, gängigere Begriffe** ersetzen - zum Beispiel *„Frage"* statt *„Fragestellung"* oder *„Zahlung"* statt *„Zahlungsleistung"*.

Nicht immer lassen sich lange Wörter vollständig vermeiden. Benutzen Sie dann einen Bindestrich, um das Wort in zwei eindeutige Bestandteile zu gliedern. „Untergrund-Bahn" lässt sich zum Beispiel sehr viel leichter lesen als „Untergrundbahn".

Sätze verständlich halten

Kommen wir zur **Konstruktion der Sätze**. Die Grundregel lautet: **Ein Gedanke, ein Satz**. Viele Autoren versuchen, möglichst viele Gedanken in einen Satz zu packen. Das Ergebnis ist immer dasselbe: Die Verständlichkeit leidet.

Bei Sätzen sollten Sie folgendes beachten:

Regel 1: Benutzen Sie möglichst kurze Sätze

Je länger ein Satz ist, desto schwerer ist er zu verstehen. Der Grund ist einfach: Ein durchschnittlicher Leser kann sich nur **7 bis maximal 9 Informationen** auf einmal merken. Das bedeutet aber nicht, dass Sätze grundsätzlich nur 7 bis 9 Wörter lang sein dürfen. Denn eine Informationseinheit umfasst oft mehr als nur ein einziges Wort. So wird zum Beispiel die Wortfolge *auf einmal* von nahezu allen Leser als eine Information aufgenommen.

Gut verständlich sind deshalb Sätze mit **maximal 12 bis 15 Wörtern,** aber nur dann, wenn die Wörter einfach zu verstehen sind. Danach nimmt die Verständlichkeit rapide ab.

Bei der Deutschen Presseagentur gelten 9 Wörter pro Satz als die Obergrenze für optimale Verständlichkeit, Sätze mit über 20 Wörtern sind bei der dpa nicht mehr gewünscht. Die durchschnittliche Länge der Sätze in der Bildzeitung beträgt 12 Wörter.

Lange Sätze sollten Sie in Einzelsätze auflösen. Manchmal hilft auch, sie durch Kommas, Gedankenstriche oder andere Trennzeichen in Sinneinheiten zu teilen. Für Aufzählungen sind eigene Zeilen mit Aufzählungszeichen sehr viel besser geeignet als ein Bandwurm-Satz, in dem alles hintereinander steht.

Welche Sätze im Beispieltext empfinden Sie als zu lang? Lösen Sie Sie in Einzelsätze auf.

Verfallen Sie aber nicht in das andere Extrem, nur um lange Sätze zu vermeiden. Ein **Telegramm-Stil** ist ausgesprochen unhöflich und wird fast immer als „Kommando-Ton" empfunden.

Bsp

Nutzen Sie die Vorteile. Achten Sie auf die Nachteile. Machen Sie sich mit der Technik vertraut. Denken Sie an mögliche Probleme. Beugen Sie vor.

Regel 2: Benutzen Sie einfach strukturierte Sätze

Verzichten Sie auf **komplizierte Konstruktionen** mit Einschüben, Aneinanderreihungen und zahlreichen Nebensätzen.

Bsp

Als Beispiel nannte der Redner, haushaltspolitischer Sprecher seiner Fraktion, etwa, dass alle Vorhaben der Regierung, einschließlich der nachgeordneten Behörden, durch ein professionelles Projektmanagement begleitet würden.

Auch solch komplizierte Konstruktionen lösen Sie am besten in einzelne Sätze auf.

Regel 3: Achten Sie auf Klammer-Konstruktionen

Besonders unleserlich wird eine Satzkonstruktion, wenn Sie die Hauptaussage durch eingeschobene Informationen auseinander reißen. Dadurch entsteht eine schwer verständliche **Klammer-Konstruktion** - ein Teil der Aussage steht zu Beginn des Satzes, der andere Teil möglicherweise ganz am Ende. Der Leser hat möglicherweise am Ende des Satzes den Anfang schlicht und einfach schon wieder vergessen. Ein Beleg für diese Unart ist der erste Satz des Beispieltextes

Bsp

Sicheres Auftreten und das Charisma einer Person ist in vielen Situationen, ob bei Präsentation, in Meetings, bei Führungsaufgaben, in der Kommunikation, bei Konflikten, von tragender Bedeutung, manchmal fast zwingend, denn am Auftreten hängt die Wirkung und die Leuchtkraft einer Person.

Der Hauptsatz beginnt mit *Sicheres Auftreten und das Charisma einer Person ist in vielen Situationen,* zu Ende geführt wird er mit den Worten *von tragender Bedeutung, manchmal fast zwingend*. Diesen zweiten Teil des Satzes könnte man ohne weiteres auch vor den Einschub *ob bei Präsentation, in Meetings, bei Führungsaufgaben, in der Kommunikation, bei Konflikten* stellen.

Solche verschachtelte Sätze sind schwer zu verstehen, weshalb Sie sie möglichst auflösen sollten.

Bsp

Wenn Sie zum Beispiel fachlich fit sind, wird man Sie, auch wenn Sie vielleicht unsicher sind, wertschätzen.

Das lässt sich einfacher ausdrücken:

Bsp

Wenn Sie zum Beispiel fachlich fit sind, wird man Sie wertschätzen - auch wenn Sie vielleicht unsicher sind.

Klammer-Konstruktionen lassen sich nicht immer vermeiden. Achten Sie aber darauf, dass die Informationen nicht zu weit auseinander stehen. Dazu können Sie einen Satz zum Beispiel in Haupt- und Nebensatz gliedern oder die Informationen auf mehrere Sätze verteilen.

Regel 4: Stellen Sie die wichtigste Aussage in den Hauptsatz

In einem Nebensatz gehen wichtige Informationen schnell unter. Die **Hauptaussage** gehört deshalb auch in den **Hauptsatz**. Stellen Sie den Hauptsatz möglichst an den Anfang.

Was aber nicht heißt, dass Sie alles nur noch in einfachen Hauptsätzen schreiben sollten. Ein Wechsel zwischen einem Hauptsatz und einem Satz, an den ein Nebensatz angehängt ist, sorgt für Abwechslung.

☞ Schreiben Sie Hauptsachen in Hauptsätze und Nebensachen in Nebensätze.

Regel 5: Benutzen Sie aussagekräftige Verben

Ein typisches Kennzeichen unverständlicher Sprache ist die starke Betonung der Substantive und eine Entwertung der Verben. Das führt oft zu sehr schwer verständlichen Konstruktionen, zu sogenannten **Spagat-Verben**. Das Problem mit diesen Spagat-Verben. Der zweite Teil des Verbs steht ganz am Ende des Satzes und besonders bei längeren Sätzen hat der Leser Mühe, den Gedanken in Gänze zu erfassen.

Bsp Wir **ziehen** unter diesen Umständen neben der Geldanlage an der Börse auch in **Betracht**, dass ...

Jeder verständliche Satz braucht ein aussagekräftiges Verb.

Bsp *Statt in Betracht ziehen besser betrachten*

Vermeiden Sie, Substantive mit "entwerteten" Verben zu benutzen.

Bitte ersetzen Sie die Begriffe durch aussagekräftige Verben.

Negatives Beispiel	**Verbesserter Ausdruck**
zum Ausdruck bringen	______________
Mitteilung machen	______________
in Empfang nehmen	______________
Gebrauch machen von	______________
Beachtung schenken	______________
Änderungen vornehmen	______________
in Betracht ziehen	______________
zum Abschluss bringen	______________
in Zweifel ziehen	______________

Verzichten Sie außerdem auf eine Aneinanderreihung von Substantiven, sog. **Substantiv-Ketten**. Dadurch wird Sprache ebenfalls sehr abgehoben und schwer verständlich. Ersetzen Sie auch hier Substantive durch aussagekräftige Verben.

Bsp Die Positionierung der eigenen Person innerhalb eines sozialen Gefüges

Die Erschließung des Neubaugebietes mittels Erschließungsverträgen durch Dritte

Substantiv-Ketten entstehen meist dann, wenn der Schreiber Verben zu Substantiven umgewandelt. Das weist aber schon auf den Weg hin, den Sie gehen können, um Substantivierungen zu vermeiden: Machen Sie daraus wieder ein Verb. Das Substantiv *Positionierung* lässt sich ersetzen durch den Ausdruck *...zeigt sich, wie Sie .... positionieren*.

Auch im Beispieltext zwei findet sich solch eine - unnötige - Substantivierung.

Bitte lösen Sie die Substantivierung auf

Im Auftreten zeigt sich die Positionierung Ihrer eigene Persönlichkeit innerhalb eines sozialen Gefüges, der Hierarchie, einer Beziehung.

____

____

____

Ein weiteres Beispiel:

Bsp

Statt

Eine gute Basis zur Entwicklung Ihrer Texte

Besser

Eine gute Basis, um Ihre Texte zu entwickeln

Regel 6: Bleiben Sie im Aktiv

Verzichten Sie nach Möglichkeit auf **Passiv-Sätze**. Solche Sätze sind immer unpersönlich. Die deutsche Bezeichnung bringt es auf den Punkt: die Leideform. Und sie sind oft schwer zu verstehen wie der Satz *In der Hauptversammlung wurde durch die Mitglieder beschlossen*.

Sprechen Sie Ihre Leser persönlich an. Vermeiden Sie unpersönliche Formulierungen wie *„man sollte"*.

Regel 7: Meiden Sie Konjunktiv und indirekte Rede

Vielleicht kennen Sie aus dem Deutschunterricht noch die Begriffe Indikativ (Wirklichkeitsform) und Konjunktiv (Möglichkeitsform). Auch wenn der Konjuktiv bisweilen die grammatisch richtige Form ist, sollten Sie versuchen, sie zu vermeiden – allein wegen der Verständlichkeit.

Bsp

Es stünde Ihnen besser zu Gesicht.

Ich würde es begrüßen, wenn ...

Das Vorgehen wäre theoretisch der beste Weg, wenn ....

Ähnliches gilt für die indirekte Rede.

Bsp

Er sagte, dass er morgen kommen würde, wenn ...

Zusammenfassung

Einfache und verständliche Wörter sind

- in der Regel
- kurze Wörter,
- geläufige Wörter,
- keine Fachausdrücke,
- keine Fremdwörter,
- keine Abkürzungen

Einfache und verständliche Sätze sind

- in der Regel
- kurze Sätze,
- einfach strukturierte Sätze (Hauptsätze),
- keine Sätze mit vielen Nebensätzen,
- keine Passivsätze,
- keine Konjunktivsätze.

Was wollen Sie von den Hinweisen in diesem Kapitel umsetzen? Schreiben Sie sich bitte alle wichtigen Punkte auf. Nutzen Sie dazu die Umsetzungshilfe am Ende dieses Arbeitsheftes.

Schritt 3: Anschaulichkeit erhöhen

Lesestoff ist oft abstrakt und nur schwer zu verstehen. Das ist vielen Menschen, die sich mit Recht als Fachleute verstehen und die tief in ihrer Materie stecken, nicht immer bewusst. Leicht unterschätzt man dann die Verständnisschwierigkeiten.

Denn eigentlich sind abstrakte Zusammenhänge für viele Menschen nur schwer nachzuvollziehen. Je komprimierter die Ausführungen, je abstrakter die Gedanken, desto mehr Schwierigkeiten wird wahrscheinlich der Leser haben.

Zumindest dann, wenn er nicht alle Zeit der Welt hat, sich in den Text hineinzudenken.

Es gibt eine wichtige Hilfe, um das Verständnis zu erhöhen, ja bisweilen dem Leser ein echtes Aha-Erlebnis zu gönnen: die Erhöhung der Anschaulichkeit.

Anschaulichkeit verfolgt das Ziel, Bildern in den Köpfen der Leser zu schaffen. Anschauliche Zusammenhänge lassen sich besser merken. Das liegt in der Struktur unseres Gehirns begründet. Wenn wir Bilder vor unserem geistigen Auge entstehen lassen, werden beide Gehirnhälften angesprochen. Diese doppelte Aktivierung führt dazu, dass wir uns die Information „doppelt" einprägen.

Beschreiben Sie deshalb Zusammenhänge so anschaulich wie möglich und nutzen Sie dazu alle Möglichkeiten. Der Leser wird es Ihnen danken.

Auch eine gute **Anschaulichkeit** lässt sich durch den Einsatz sprachlicher Mittel erreichen.

Durch welche sprachlichen Mittel lässt sich Anschaulichkeit erreichen?

Anschauliche Wörter verwenden

Wörter unterscheiden sich darin, wie konkret oder abstrakt sie sind. Konkrete Begriffe haben einen unbestreitbaren Vorteil: Sie schaffen Bilder. Suchen Sie deshalb bei abstrakten Begriffen immer nach einem anschaulichen Ausdruck. Abstrakt sind viele Fachbegriffe und die meisten Fremdwörter. Abstrakte Begriffe erkennt man oft an bestimmten Endungen wie *-ion* und oder Vorsilben wie *Ex, Im* und *Supra*.

Bsp Supervision, Extinktion, Suprasegmentalia, Transsubstantiation, Epitrachelion

Solche Fremdwörter sollten Sie ersetzen, Fachbegriffe erklären. Es gibt aber natürlich auch deutschstämmige Wörter, die abstrakt sind und wenig alles andere als bildhaft sind. Es sind meistens Oberbegriffe.

Um sie anschaulicher zu machen, können Sie meist mit einem Trick arbeiten: Suchen Sie passende Unterbegriffe oder Beispiele und listen Sie sie auf.

Bitte suchen Sie für die einzelnen Begriffe konkrete Ausdrücke.

Finanzielle Mittel ______________________________

Lohnersatzleistungen ______________________________

Kleidungsstücke ______________________________

Verpflegung ______________________________

Unterbringung ______________________________

Niederschlag ______________________________

Verkehrsmittel ______________________________

Schwer zu verstehen sind abstrakte Begriffe besonders dann, wenn sie zusätzlich noch in einer Anhäufung von Substantiven miteinander verknüpft sind.

Bsp

Das Vier-Felder-Quadrat des **Eisenhower-Prinzips** verdeutlicht die Dynamik, die entsteht, wenn die Koordinaten *Wichtigkeit* und *Dringlichkeit* bei der Aufgabenanalyse berücksichtigt werden.

Machen Sie es sich zur Gewohnheit so anschaulich wie möglich zu schreiben. Diese Regel sollte für alle Ihre Texte gelten, insbesondere aber für Texte, die sich an Laien wenden. Nehmen wir ein Beispiel: Sie kennen den Begriff *Facility Management,* anschaulicher, besser zu verstehen und nicht so hochtrabend ist der deutsche Begriff *Hausverwalltung*. Sie können aber auch angeben, was eine Hausverwaltung tun, nämlich Grundstücke pflegen, Häuser renovieren und Dinge reparieren. Noch konkreter ist es, wenn Sie Beispiele geben, etwa *Dachrinnen säubern, Fassaden streichen, Abflussrohre abdichten.*

Beispiele und Vergleiche nutzen

Neben anschaulichen Begriffen gibt es noch weitere sprachliche Möglichkeiten.

Sehen Sie sich bitte die Beispiele an. Welches sprachliche Mittel wird jeweils verwendet, um Anschaulichkeit zu schaffen?

Beispiel	**Sprachliches Mittel**
Die Verarbeitung der Daten mit dem Computer erfolgt in ähnlicher Weise wie beim Menschen.	______________________
Jeder von Ihnen geht täglich mit Datenverarbeitung um, wenn Sie eine Fahrkarte am Automaten lösen, mit Ihrer Scheckkarte Geld abheben ...	______________________
In unserer Abteilung sind alle Computer miteinander vernetzt. Letzten Monat hat ein Mitarbeiter ...	______________________
Stellen Sie sich vor, Sie leiten einen kleinen Handwerksbetrieb und Sie müssten ...	______________________
Neulich hatte ich Besuch von einem ...	

Im ersten Beispiel handelt es sich um einen Vergleich, es folgen ein Beispiel, ein Fall, ein konstruierter Fall (Szenario) und ein Erlebnis.

Die beste Hilfe sind **Beispiele**. Sie machen abstrakte Inhalte konkret und verständlich.

Ein Beispiel für ein **Beispiel:**

Bsp

Betriebe gewerblicher Art von juristischen Personen des öffentlichen Rechts sind alle Einrichtungen, die einer nachhaltigen wirtschaftlichen Tätigkeit zur Erzielung von Einnahmen dienen und die sich innerhalb der Gesamtbetätigung der juristischen Person wirtschaftlich herausheben.

Diese Aussage ist unanschaulich und schwer verständlich. Versuchen wir, denselben Inhalt einmal anschaulich zu vermitteln:

Bsp

Wenn eine Gemeinde einen Campingplatz oder ein Freizeitbad unterhält, eine Stadt ein Theater oder eine Handwerkskammer eine Gaststätte betreibt, ist dies keine hoheitliche Tätigkeit mehr, sondern eine wirtschaftliche Tätigkeit, die der Körperschaftsteuer unterliegt.

Derselbe Inhalt: einmal unanschaulich, einmal anschaulich.

Je unanschaulicher und schwieriger ein Inhalt ist, desto wichtiger sind Beispiele.

Bsp

Für das Projekt sind 200.000 € eingeplant. Bisherige Kosten sind 120.000 €. Das Projekt ist zu 50 Prozent abgeschlossen. Damit ist bisher zu viel Geld ausgegeben worden. Ohne Korrekturmaßnahmen würde das Projekt voraussichtlich Kosten von 240.000 € erreichen.

Machen Sie es sich zur Gewohnheit, immer nach Möglichkeiten zu suchen, abstrakte Aussage durch Beispiele anschaulicher zu machen. Manchmal reichen wenige Worte.

Bsp

Statt:

Egal, welches Medium Sie im Unterricht nutzen

Besser:

Egal, ob Sie eine Power-Point-Präsentation erarbeiten oder im Unterricht an einer Stellwand arbeiten wollen

Eine weitere gute Möglichkeit sind **Vergleiche**.

Bitte überlegen Sie: Welche Zwecke erfüllen Vergleiche?

____

____

____

Vergleiche sind immer dann sinnvoll, wenn Zusammenhänge nur schwer nachzuvollziehen sind oder wenn (zu) wenig Vorwissen vorhanden ist. Gern genutzte Vergleiche sind die zwischen Computer und Gehirn, zwischen dem Atom und dem Sonnensystem.

Die weitere Funktion besteht darin, die Bedeutung von Aussagen hervorzuheben. Dazu ein Beispiel:

Bsp

Wenn Sie im Fernsehen hören:

In Afrika sind bei einer seit drei Monaten andauernden Hungerkatastrophe 50.000 Menschen verhungert, dann ist das sicherlich schlimm.

Aber wenige sind wirklich betroffen von einer solchen Nachricht, weil Zahlen so abstrakt sind, dass sie unser Gefühlsleben selten erreichen. Weitaus mehr Betroffenheit würde der Nachrichtensprecher durch folgenden Zusatz erzielen:

Das ist so, als wenn alle Einwohner einer Stadt mit der Größe Gummersbachs sterben würden.

Sicher kennen Sie den Spruch *Vergleiche hinken*. Es kommt tatsächlich auf die Wahl des passenden Vergleiches an. Wenn der Vergleich eher verwirrt als erklärt, sollten Sie darauf verzichten. Auf der anderen Seite öffnen Ihnen Vergleiche Möglichkeiten zur Meinungsbeeinflussung. Wenn Sie andere von Ihren Argumenten überzeugen wollen, hilft ein guter Vergleich manchmal Wunder.

Eine dritte Möglichkeit sind **Fallbeispiele**. Sie eignen sich ideal, um komplexe Sachverhalte an einem konkreten Fall anschaulich zu erklären.

Vielleicht erinnern Sie sich noch an Ihren Rechtsunterricht. Dort waren Fallbeispiele wichtig, um komplexe Sachverhalte - angefangen vom Grundrecht bis zum bürgerlichen Gesetzbuch - anschaulich zu erklären.

Eine ähnliche Funktion haben **Szenarios**. Szenarios sind konstruierte Fallbeispiele nach dem Schema *Stellen Sie sich vor, Sie....*

Sie können auch **Erlebnisse** einstreuen. Persönliche, selbst erlebte Beispiele haben Vorteile:

1. Sie sind nicht widerlegbar.
2. Persönliche Beispiele führen dazu, dass sich die Leser mit Ihnen identifizieren können. Sie denken beispielsweise: *Ja, das habe ich auch schon erlebt*, und werden Ihren Ausführungen umso bereitwilliger folgen.

Weitere Möglichkeiten sind Aphorismen, Wortspiele und Zitate sein.

Bsp

Halten Sie sich an Erich Kästner. Der bemerkte zutreffend: *Es gibt nichts Gutes, außer man tut es.*

Um diese Möglichkeiten der Veranschaulichung gezielt einzusetzen, müssen Sie wieder einen Blick auf die Adressaten werfen:

- Welche Beispiele sind ihnen vertraut?
- Bei welchen Vergleichen können Sie sicher sein, dass die Leser sie nachvollziehen können.
- Welche Fallbeispiele entsprechen der Lebenswirklichkeit der Zielgruppe?

Zusammenfassung

Sorgen Sie für eine gute Anschaulichkeit.

Schaffen Sie Bilder in den Köpfen Ihrer Leser.

Wählen Sie konkrete Ausdrücke.

Nutzen Sie Beispiele, um Sachverhalte zu veranschaulichen.

Arbeiten Sie mit Vergleiche. Achten Sie aber darauf,dass die Vergleiche stimmig sind.

Binden Sie auch Fälle und Szenarios in Ihre Texte ein.

Was wollen Sie von den Hinweisen in diesem Kapitel umsetzen? Schreiben Sie sich bitte alle wichtigen Punkte auf. Nutzen Sie dazu die Umsetzungshilfe am Ende dieses Arbeitsheftes.

Schritt 4: Sprachstil anpassen

Bisher haben wir über das „Pflichtprogramm" gesprochen, über die Notwendigkeit, Texte verständlich und anschaulich zu gestalten. Doch es gibt auch noch so etwas wie eine Kür: die Möglichkeit zu zeigen, wie souverän Sie mit Sprache umgehen, wie gut Sie sich ausdrücken können.

Ihre Texte sind immer auch eine Art Visitenkarte. Sie vermitteln dem Leser einen Eindruck von Ihnen. Dieser Eindruck sollte für Sie sprechen.

Auch wie Sie schreiben und wie Sie die Leser ansprechen, hat etwas mit dem Thema, Ihren Zielen und auch mit den Lesern zu tun.

Bemühen Sie sich, Ihren Lesern sprachlich entgegen zu kommen, sie einzubeziehen und mit ihnen in einen Dialog zu treten.

Stilvoll schreiben

Es gibt einige Regeln zum Sprachstil, die Sie kennen und beachten sollten. Denn mangelnde Beachtung führt schnell zu einem Stil, der den Leser irritiert und ihn zweifeln lässt, dass Sie das Schreibhandwerk verstehen.

Wichtig ist erst einmal, dass Sie nicht versuchen, besonders "imposant" zu schreiben.

Bitte sehen Sie sich noch einmal das Eingangsbeispiel auf Seite 22 an. Welche Formulierungen wirken zu gestelzt? Schreiben Sie sie heraus und suchen Sie eine einfache, verständliche Formulierung.

Formulierung	Verbesserungsvorschlag
______________________	______________________
______________________	______________________
______________________	______________________

Ersetzen könnte man die Formulierung *von tragender Bedeutung* im Satz 1 und von *Leuchtkraft* im zweiten Satz. Bessere Begriffe wären *von großer Bedeutung* und *Ausstrahlung*. In Satz 4 ließe sich das Wort *entscheidungsrelevant* ersetzen durch den Ausdruck *spielt für die Entscheidung eine Rolle*.

Auch beim Stil lassen sich wieder Regeln für Wörter und Regeln für Sätze unterscheiden. Hier wichtige Regeln für die Wahl der Wörter:

Suchen Sie treffende Ausdrücke

Es gibt Begriffe, die bringen Aussagen auf den Punkt, es gibt Begriffe, die Unschärfen haben. Treffende Begriffe wirken der Verflachung der Sprache entgegen.

Bsp

Statt:

Überlegen Sie, wie Sie mit den Argumenten Ihres Verhandlungspartners umgehen wollen.

Besser:

Überlegen Sie, wie Sie die Argumente Ihres Verhandlungspartners entkräften können.

Nutzen Sie aktive Verben

Es gibt Verben, die wenig Dynamik besitzen. Dazu gehören die Hilfsverben *haben* und *sein*, aber auch blasse Verben wie *machen* und *tun*. Suchen Sie nach Wörtern, die mehr Gewicht haben.

Bsp

Statt:

Wenn Sie sich nicht die Mühe machen wollen ...

Besser:

Wenn Sie sich die Mühe sparen wollen ....

Nutzen Sie Adjektive mit Bedacht

Adjektive haben die Funktion, die Aussage von Substantiven zu präzisieren und zu differenzieren. Das ist aber in vielen Fällen gar nicht nötig. Erst recht unsinnig ist es, fast jedes Substantiv mit einem Adjektiv zu "beglücken". Heraus kommen dann nicht selten Ausdrücke wie eine *gründliche Untersuchung* und das *angestrebte Ziel*. Je mehr Wörter an ein Substantiv „angehangen" werden, desto holpriger wird die Sprache.

Bsp

Statt:

Der vormals beliebte Spielplatz

Besser:

Die Kinder des Viertels haben den Spielplatz viel und gerne genutzt.

Meiden Sie Superlative

Superlative hören sich schnell nach Übertreibung an. Wörter wie *weitgehend* reichen, *weitestgehend* muss nicht sein. Eine Ausnahme sind bestenfalls Werbetexte.

Vermeiden Sie Phrasen

Phrasen sind verführerisch, weil sie bildhaft sind. Aber wer sich nur in aufgesetzten Formulierungen ausdrückt, erweckt beim Leser das Gefühl, dass er zu bequem ist, um treffendere Ausdrücke zu finden. Geben Sie sich deshalb Mühe, und möglichst frei zu schreiben. Phrasen werden außerdem häufig schnell überlesen, denn keiner kümmert sich mehr um den Sinn hinter diesen leeren Worten.

Bsp

ein fesselndes Erlebnis

der wohlverdiente Ruhestand

Dies sprengt nahezu jede Vorstellungskraft

Wir gehen gemeinsam ein gutes Stück für sicherere Straßen

Als Phrasen lassen sich auch Übertreibungen wie *jederzeit ansprechbar* werten und Wortgebilde wie *unglaublich hoch* und *wahnsinnig interessant*. Sie stammen aus der Umgangssprache.

Vermeiden Sie Fachjargon

Es gibt nicht nur eine Sprache, sondern innerhalb einer Sprache verschiedene Varianten. Eine begegnet Ihnen in Texten immer mal wieder: die Juristensprache oder die Amtssprache. Begriffe aus dieser Subsprache haben einen etwas altertümlichen Charme. Sie erinnern schnell an Amtsstuben und Verwaltungsakte. Auch solche Wörter sollten sie "tunlichst" meiden. Hier einige Beispiele

Bsp

allem Anschein nach, allenthalben, augenscheinlich, demgemäß, desungeachtet, förmlich, hinlänglich, schlußendlich, schwerlich, unstreitig, unzweifelhaft, vollends

Seien Sie vorsichtig mit Übernahmen aus anderen Sprachen

Übernahmen aus anderen Sprachen gab es schon immer und sie haben unsere Sprache sehr bereichert. Bei vielen Wörtern lässt sich die Herkunft kaum noch erahnen. So ist der Begriff *Hängematte* ein Lehnwort aus dem Niederländischen. Andere Begriffe wie *Skonto, Café* oder *Buffet* gebrauchen wir, ohne daran zu denken, dass sie „eingewandert" sind. Allerdings kann man auch des Guten zu viel tun. Wenn die Sprache vor Anglizismen strotzt und man nicht mehr so recht weiß, ob es tatsächlich noch ein deutscher Text ist, wenn von *chill out* , *key account* oder *customer relationship* die Rede ist, fragt man sich bisweilen, ob es einfach schick ist oder Faulheit, nach adäquaten deutschen Begriffen zu suchen.

Warum übernehmen wir Wörter aus anderen Sprachen? Dafür gibt es ganz pragmatische Gründe:

- Neue Dinge entstehen und die Ursprungsbezeichnung wird übernommen, weil es keine deutsche Entsprechung gibt. Das Wort Roboter ist angelehnt an ein Wort aus dem Russischen, es heißt übersetzt Arbeiten.
- Andere Wörter entstehen zuerst in einer anderen Sprache und werden dann übernommen, weil sich keiner die Mühe macht, ein passendes deutsches Wort zu finden. Beispiele sind etwa die Begriffe Hotline und Helpdesk.
- In den Wissenschaften benötigt man Fachbegriffe, unter denen alle Fachleute das selbe verstehen. Gerne wurde deshalb hier auf lateinische und griechische Wortschöpfungen zurückgegriffen. Mittlerweile hat sich das Englische als Wissenschaftssprache durchgesetzt.
- Fremdwörter dienen aber auch der Abgrenzung, zwischen Fachmann und Laie, zwischen Gebildetem und Ungebildeten.
- Übernahmen aus anderen Sprachen gelten oft als chic, der Frisör heißt dann Coiffeur, im Schaufenster des Kiosk steht nicht mehr das Schild *Kaffee ist fertig*, sondern *Coffee to go,* die Fahrkarte wird zum *Ticket* – und hieß nebenbei früher *Billet*.

Der Gebrach fremdsprachlicher Begriffe verleiht vielleicht auch etwas Glanz: Der Hausmeister wird zum *Facility manager*. Und manche Formulierungen hören sich fremdsprachlich besser an als das deutsche Pendant. *All you can eat* müsste man übersetzen mit *Alles was Sie essen können*.

Bei einigen Wörtern fehlt zudem die deutsche Entsprechung: *Hairdresser* lässt sich natürlich durch *Coiffeur* ersetzen, *Coiffeur* wiederum durch *Frisör*, aber auch das sind Lehnwörter. Barbier ginge vielleicht noch, doch der ist veraltet und trifft auch nicht mehr, denn er wurde benutzt zu einer Zeit, als man sich neben Haaren schneiden auch noch die Zähne ziehen konnte. Außerdem ist *Barbier* ebenfalls ein Lehnwort, er stammt ursprünglich aus dem Lateinischen und ist dann aus dem Romanischen bei uns eingewandert.

Auch Sätze sollten Sie „stilvoll" schreiben:

Achten Sie auf Modalverben

Müssen, sollen, dürfen, können, mögen - mit Modalverben lassen sich sprachlich viele Nuancen ausdrücken. Allerdings wirkt die Sprache dann manchmal ein wenig holprig. Zu häufig sollten Sie Modalverben nicht gebrauchen, vor allem vor dem Wort "müssen" sollten Sie sich in Acht nehmen. Es wirkt schnell belehrend.

Dagegen hilft nur: Lassen Sie Modalverben einfach weg, falls möglich.

Bsp

Statt:

Überlegen Sie, welche Argumente Ihre Verhandlungspartner ins Feld führen könnte.

Besser:

Überlegen Sie, welche Argumente Ihr Verhandlungspartner hat.

Verzichten sollten Sie auch auf unnötige Höflichkeitsfloskeln wie *Ich möchte Sie begrüßen* oder *Ich möchte Sie bitten*.

Wiederholen Sie ruhig einzelne Wörter

Abwechslung tut gut. Vermeiden Sie deshalb ständig dieselben Wörter in Ihren Texten zu wiederholen. Wiederholungen erwecken den Eindruck von Fantasielosigkeit und langweilen den Leser sehr schnell. Aber Vorsicht! Suchen Sie nicht zu viele Synonyme für ein Wort: Das wirkt schnell gestelzt.

Irgendwie haben wir eine Scheu entwickelt, Wörter zu wiederholen und suchen dann nach Synonymen, um möglichst das gleiche zu sagen. Was allerdings nicht immer klappt. Und spätestens wenn Sie statt *Köln* die *Domstadt*, die *Metropole am Rhein*, die *größte Stadt in Nordrhein-Westfalen* und die *Karnevalshochburg* genutzt haben, wird es unnötig verwirrend.

Drücken Sie Dinge positiv aus

Das hat mich nicht davon abhalten können. Bei Verneinungen muss der Leser um die Ecke denken, besonders bei doppelter Verneinung. Drücken Sie Dinge möglichst positiv aus, im Beispiel *Ich habe die Gelegenheit ergriffen ...*

Vermeiden Sie Vorreiter

Es ist allgemein bekannt ..., Wir geben der Hoffnung Ausdruck ..., Es ist sicher richtig ..., Ich bitte zu bedenken ... sind sog. Vorreiter, die die Sprache holprig machen, oft aber gar nicht notwendig sind.

Vermeiden Sie das unpersönliche „man"

Ein Satzkern besteht aus Subjekt und Prädikat, jemand tut etwas. Das nebulöse „man" steht in Texten oft als Stellvertreter für das Subjekt. Wenn möglich, sollten Sie dies vermeiden.

Bsp

Statt:

Fortschritt, Zukunft, Strategie - dass sind Wörter, die man gerne hört.

Besser:

Fortschritt, Zukunft, Strategie - dass sind Wörter, die sich gut anhören.

Satzzeichen richtig nutzen

Sie wissen, dass Sie von Punkten häufig Gebauch machen sollten, denn dadurch werden Ihre Sätze kurz. Die Regel lautet: Ein neuer Gedanke, ein neuer Satz. Kommas hingegen sollten Sie sparsam setzen, denn eine Verschachtelung des Satzes schafft Hemmnisse beim Lesen. Doch es gibt noch andere schöne Satzzeichen wie Doppelpunkt, Gedankenstriche, Semikolon und Spiegelstriche. Am Ende eines Satzes haben Sie neben dem Punkt noch die Wahl zwischen Fragezeichen und Ausrufezeichen. Nutzen Sie sie. Sie können damit Zusammenhänge schaffen oder Gedanken voneinander trennen. Doch auch hier gilt: Nutzen Sie sie mit Bedacht, eindeutig und nicht zu häufig.

Zwischen Punkt und Komma steht das **Semikolon**. Es trennt zwei Gedanken, macht aber gleichzeitig deutlich, dass sie zusammen gehören.

Auch der **Doppelpunkt** trennt und verbindet. Er zeigt an, dass eine wörtliche Rede, ein Zitat, eine Aufzählung oder einen erklärenden Text folgt.

Das **Fragezeichen** können Sie gut nutzen, um eine Übersicht zu geben.

Bsp

Im Grund geht es um drei Fragen:

- Wer trägt die Verantwortung für die Probleme?
- Warum wurden sie erst zu spät erkannt?
- Und warum hat sich niemand darum gekümmert, rechtzeitig die Behörden einzuschalten?

Sie können über Fragen auch mit den Lesern in eine Art Dialog treten.

Bsp
Vielleicht haben Sie sich auch schon gefragt: Warum wurden diese offensichtlichen Probleme nicht früher erkannt?

Ausrufezeichen hingegen wirken schnellmarktschreierisch. Sie können damit eine wichtige Aussage markieren oder einen Appell verstärken. Aber Ausrufezeichen nutzen sich schnell ab.

Der **Gedankenstrich** - nicht zu verwechseln mit dem Bindestrich - trennt einen eingeschobenen Gedanken ab.

Meist überflüssig sind **Klammern**.

Bsp
Wer pflegt unsere Spielplätze (beispielsweise in der Mohrenstraße, in der Arnulfstraße und in der Steinstraße)?

Falls ein Gedanke in einer Klammer wichtig ist, bauen Sie ihn direkt in den Satz ein. Falls Sie doch eine Klammer setzen müssen, setzen Sie sie an das Satzende (für eine Erläuterung, Aufzählung oder Übersetzung eines Fremdwortes). Ein Gedanke sollte zu Ende geführt werden, zu viele Einschübe wirken irritierend.

Überflüssiges weglassen

Goethe hat in einem Brief einmal bemerkt: *„Ich habe keine Zeit, deshalb schreibe ich Dir einen langen Brief"*. Der Ausspruch hört sich erst einmal etwas ungewöhnlich an, dahinter verbirgt sich aber eine wichtige Erkenntnis: Zum guten Stil gehört auch, sich auf das Wesentliche zu konzentrieren.

Lassen Sie im Text alles weg, was nicht notwendig ist, um das Verständnis zu sichern.

Dieses Prinzip gilt für Inhalte, Gedanken, aber auch für einzelne Wörter. Jedes Wort, das Sie streichen können, ist ein gutes Wort. Denn dadurch steigt die Bedeutung der verbliebenen Wörter.

Bsp
Er führte sein Team zielgerichtet zum Erfolg.

Das Wort "zielgerichtet" kann wegfallen. Die Aussage bleibt. Ein zweites Beispiel:

Bsp
Statt:

Diese Aufgaben sollten von Ihnen direkt angegangen und selbst erledigen und von Ihnen persönlich erledigt werden

Besser:

Diese Aufgaben sollten Sie direkt angehen und selbst erledigen.

Es gibt zahlreiche Wörter, die den Lesefluss stoppen, aber nicht immer für das Verständnis wichtig sind.

Überprüfen Sie immer, ob sich für einzelne Wörter nicht einfachere Entsprechungen finden lassen.

Bitte ersetzen Sie die Begriffe durch einfachere Wörter.

Negatives Beispiel	Verbesserter Ausdruck
Problemstellung	______________
Ausgangsbasis	______________
Rückfrage	______________
Zielsetzung	______________
Beantwortung	______________
In Anbetracht von	______________
einsparen	______________
anfragen	______________
in vollem Umfang	______________
aus diesem Grunde	______________
im Zusammenhang mit	______________
zum jetzigen Zeitpunkt	______________
am gestrigen Tag	______________

abermals	entsprechend	reiflich	sicherlich
allem Anschein nach	ergo	restlos	so
allemal	etliche	recht	sogar
allenfalls	folgendermaßen	reichlich	sonst
allenthalben	folglich	richtiggehend	sowieso
allesamt	förmlich	riesig	sowohl als auch
allzu	fraglos	rundheraus	sozusagen
an sich	freilich	rundum	stellenweise
andauernd	ganz gerne	mitunter	stets
andernfalls	ganz und gar	möglicherweise	trotzdem
anscheinend	gänzlich	möglichst	überaus
auch	gar	nämlich	überdies
auffallend	gar nicht	naturgemäß	überhaupt
augenscheinlich	gemeinhin	meinetwegen	üblicher Weise
ausdrücklich	geradezu	meist	übrigens
ausgerechnet	gewiß	meistens	umständehalber
ausnahmslos	gewisse	meistenteils	unbedingt
außerdem	glatt	mindestens	unerhört
äußerst	gleichsam	mithin	ungemein
bei weitem	gleichwohl	letztlich	ungewöhnlich
beinahe	glücklicherweise	mal	ungleich
bekanntlich	gottseidank	manchmal	unmaßgeblich
bereits	größtenteils	mehr oder weniger	unsagbar
bestenfalls	halt	mehrfach	unsäglich
bloß	häufig	meines Erachtens	unstreitig
dabei	hie und da	keineswegs	unzweifelhaft
dadurch	hingegen	längst	vermutlich
dafür	hinlänglich	lediglich	voll
damals	höchst	leider	voll und ganz
danach	im allgemeinen	letztendlich	vollends
dann und wann	im Grunde genommen	ja	völlig
demgegenüber	im Prinzip	je	vollkommen
demgemäß	immerzu	jedenfalls	vollständig
demnach	in der Tat	jedoch	von neuem
denkbar	indessen	jemals	wahrscheinlich
denn	infolgedessen	keinesfalls	weidlich
dennoch	insbesondere	irgend	weitgehend
des öfteren	insofern	irgendein	wiederum
deshalb	neuerdings	irgendjemand	wirklich
deswegen	neulich	irgendwann	wohl
durchaus	nichtsdestoweniger	irgendwie	wohlgemerkt
durchweg	niemals	irgendwo	womöglich
eben	nun	sattsam	ziemlich
eigentlich	offenkundig	schlicht	zudem
ein bisschen	offensichtlich	schlichtweg	zugegeben
ein wenig	ohne weiteres	schließlich	zumeist
einerseits	ohne Zweifel	schlußendlich	zusehends
einfach	ohnedies	schwerlich	zuweilen
einige	partout	selbstredend	zweifellos
einigermaßen	persönlich	seltsamerweise	zweifelsfrei
einmal	quasi	sicher	zweifelsohne

Lassen Sie solche **Füllwörter** weg, wenn sie nichts zum Sinn des Satzes beitragen.

Überflüssig sind auch Wortfolgen, die eine Information mehrfach wiedergeben - zum Beispiel „die *Einhaltung der bestehenden Gesetze*" oder die „*getroffenen Vereinbarungen*". Ein Gesetz muss bestehen, damit es überhaupt Gesetz wird. Eine Vereinbarung muss immer auch erst getroffen werden, bevor es überhaupt eine Vereinbarung gibt.

Das Durchsehen von Texten und das Streichen ausschweifender Gedanken und unnötiger Wörter gehört zu den wichtigsten Aufgaben eines Autors.

Nehmen wir wieder ein Beispiel.

Bsp

Es ist durchaus wichtig, sich nicht nur auf die eigene Selbstsicherheit zu konzentrieren, sondern gerade auch dazu beitragen, auch die anderen sicher zu machen. Im Berufsleben gibt es hinsichtlich der Sicherheit keine Hierarchie: Jeder ist für nämlich jeden verantwortlich. Das ist ähnlich wie in einer Familie.

Dies gilt für alle drei Bereiche der Sicherheit, für die Selbstsicherheit, die Arbeitssicherheit und den Umweltschutz.

Vergleichbar ist das mit dem Bergsteigen: In einer Seilschaft ist jeder von jedem abhängig – alle müssen größtmögliche Vorsicht walten lassen, um nicht gemeinsam abzustürzen.

Die Möglichkeiten, andere sicherer zu machen, sind dabei vielfältig.

Bitte streichen Sie im Text alle Informationen, die überflüssig sind.

Überflüssig ist erst einmal der letzte Satz. Er bleibt ohne nähere Erläuterungen nebulös und kann deshalb entfallen. Im Satz *„Dies gilt für alle drei Bereiche der Sicherheit, für die Selbstsicherheit, die Arbeitssicherheit und den Umweltschutz [...]"* passen die letzten beiden Begriffe *Arbeitssicherheit und Umweltschutz* nicht in den Kontext und können ebenfalls entfallen. Ob der Hinweis auf private Beziehungen *„Das ist ähnlich wie in einer Familie* [...]" und der Vergleich mit dem Bergsteigen Sinn macht, ist Geschmackssache.

Wegfallen können auch die Wörter *durchaus, gerade auch, nämlich*.

Man kann aber auch des Guten zu viel tun: Verständlich und anschaulich müssen die Aussagen bleiben.

Bsp

Es gibt vier Möglichkeiten:

1. Sie können sicher wirken, fühlen sich aber selber unsicher.
2. Sie können sicher wirken und fühlen sich auch sicher.
3. Sie können unsicher wirken und sich auch unsicher fühlen.
4. Sie können unsicher wirken, fühlen sich aber sicher.

Das ist zu knapp formuliert. Was sich hinter den vier Möglichkeiten verbirgt, bleibt nebulös.

Ebenfalls sollten Sie immer überlegen, was Sie beim Leser voraussetzen können. Schaffen Sie Bezüge, die der Leser nicht versteht, wirkt sich das negativ auf die Motivation aus.

Bsp

Nach dem Kommunikationsmodell „Vier Seiten einer Nachricht" von Schulz von Thun offenbart sich im Auftreten und im interpersonellen Kontakt entweder das eigene Selbst oder es drückt sich aus, wie Sie die Beziehung zum Gegenüber sehen - und zwar verbal und nonverbal.

Hier stellen sich die Fragen: Reicht der Hinweis auf das Modell von Schulz von Thun? Müsste der Autor das nicht näher erläutern? Ist es nicht besser, den Hinweis wegzulassen?

Verdeutlichung von Aussagen, etwa in Form von Beispielen oder Erläuterungen, sind zwar strenggenommen überflüssig, denn sie erzeugen **Redundanz**, Sie sind also zum Verständnis nicht unbedingt notwendige Informationen.

Verstärkt mit Redundanz sollten Sie arbeiten, wenn

- es sich um abstrakte und schwer verständliche Informationen handelt
- der Lesekreis bisher mit der Materie nicht oder kaum in Berührung gekommen ist.

Leser einbeziehen

Jeder Text sollte auch eine Art **Dialog** mit dem Leser sein. Nutzen Sie die verschiedenen Möglichkeiten, den Leser anzusprechen und einzubeziehen. Eine erste Möglichkeit ist, den Wortschatz der Leser zu beachten und ihm sprachlich entgegen zu kommen. Weitere Möglichkeiten sind:

Möglichkeit 1: Sprechen Sie den Leser an

Eine direkte Ansprache schafft Kontakt. Immer wenn es um die Umsetzung von Tipps oder Hinweisen in die Praxis geht, können Sie statt Formulierungen wie *Ein Autor sollte* .... die direkte Ansprache wählen *Sie als Autor sollten...* .

Bsp

Statt:

Wer trifft schon gerne Entscheidungen, die er für schwierig hält und bei denen er die Auswirkungen nicht richtig beurteilen kann?

Besser:

Treffen Sie gerne Entscheidungen, die Sie für schwierig halten und bei denen Sie die Auswirkungen nicht richtig beurteilen können? Wahrscheinlich nicht.

Auch in (Zwischen-)Überschriften können Sie den Leser direkt ansprechen

Bsp

Statt:

Ziele setzen

Besser:

Was wollen Sie erreichen?

Beziehen Sie den Erfahrungshintergrund der Leser mit ein.

Bsp

Diese Erfahrung haben Sie bestimmt auch schon gemacht ...

Allerdings sollten Sie darauf achten, nicht in einen belehrenden Ton zu verfallen.

Bsp

Unbedingt beachten müssen Sie ...

Begriffe wie *unbedingt* und Modalverben wie *müssen* könnten den Leser irritieren und zu einer ablehnenden Haltung Ihrem Text gegenüber führen.

Nutzen Sie statt des unpersönlichen "man" oder der allgemeinen "wir" das "Sie" benutzen.

Bsp

Statt:

Je mehr dringende Aufgaben wir haben, umso mehr werden wir vom Zeitdruck beeinträchtigt.

Besser:

Je mehr dringende Aufgaben Sie haben, desto mehr Zeitdruck haben sie auch.

Sie können auch beide Formen mischen: Bei negativen Dingen sprechen Sie von "man" oder "wir", bei positiven Dingen gehen Sie zum "Sie" über.

Bsp

Man kann in Projekten viele Fehler machen, deshalb sollten Sie darauf achten, dass Sie von vorne herein ....

Möglichkeit 2: Machen Sie den Nutzen deutlich

Warum soll der Leser sich mit Ihrem Text beschäftigen? Weil er einen Nutzen davon hat. Nur sollten Sie ihm den Nutzen dann auch deutlich machen.

Bsp

Das ist für Sie wichtig, weil ....

Welche Vorteile bringt Ihnen das? Sie können ....

Möglichkeit 3: Greifen Sie Erfahrungen der Leser auf

Leser haben Vorerfahrungen: Wenn nicht im Fachlichen, so doch im Alltag. Wenn Sie diese Erfahrungen aufgreifen, erhöhen Sie die Anschaulichkeit und bauen eine Brücke zum Leser. Voraussetzung ist allerdings, dass Sie den **Erfahrungshintergrund** der Leser kennen.

Bsp

Sie kennen sicher die Situation, dass .....

Möglichkeit 4: Bauen Sie rhetorische Fragen ein

Rhetorische Fragen sind Fragen, auf die man keine Antwort erwartet. Sie können Sie gut als Gliederungshilfe einsetzen.

Bsp

Drei Fragen gilt es zu beantworten:

Was sind rhetorische Fragen?

Wie lassen Sie sich zur Verbesserung des Leserbezuges nutzen?

Was sollten Sie dabei beachten?

Auch als Übergang und Einleitung eignen sich rhetorische Fragen gut.

Bsp

Kommen wir zur nächsten Frage: Wie lassen sie sich zur Verbesserung des Leserbezuges nutzen?

Für gute Reden gilt: Machen Sie aus Ihrem Vortrag einen Dialog. Das gleiche sollten Sie bei Ihren Texten versuchen.

Zusammenfassung

Achten Sie auf eine Sprache, die den Leser anspricht.

Lassen Sie Überflüssiges weg, besonders Füllwörter.

Achten Sie auf ausreichend Redundanz.

Beziehen Sie den Leser mit ein. Nutzen Sie dazu die direkte Ansprache und rhetorische Fragen.

Was wollen Sie von den Hinweisen in diesem Kapitel umsetzen? Schreiben Sie sich bitte alle wichtigen Punkte auf. Nutzen Sie dazu die Umsetzungshilfe am Ende dieses Arbeitsheftes.

Schritt 5: Texte korrigieren

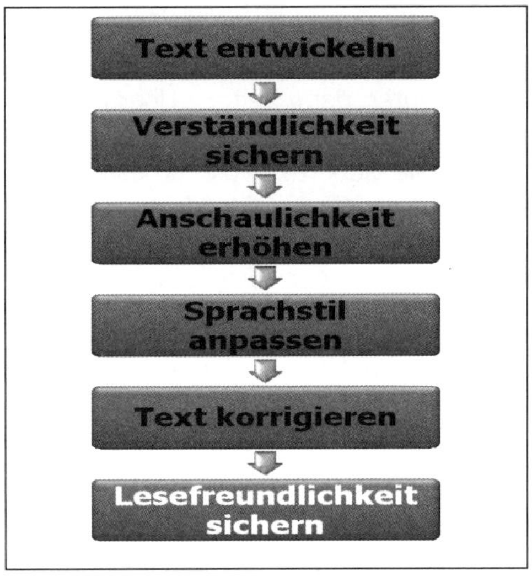

Ihre Texte tragen Ihre Handschrift und sind Ihre Visitenkarte. Die Texte sollten für Sie sprechen. Auch deshalb sollten Sie sie vor Weitergabe noch einmal durchsehen. Versetzen Sie sich in die Rolle Ihrer Leser:

- Was könnte Ihnen bei Ihrem Text auffallen?
- Wo könnten Sie Verständnisschwierigkeiten haben?
- Wo fehlt Ihnen vielleicht ein Beispiel zur Verdeutlichung
- Wo könnte ihnen der rote Faden fehlen?

Einen Tipp vorweg: Drucken Sie sich den Text aus und lesen Sie ihn dann noch einmal durch. Erfahrungsgemäß findet man dann mehr Fehler und stilistische Ausreißer.

Wollen Sie Ihre Texte „professionell" korrigieren, nutzen Sie die üblichen Korrekturzeichen, die sogar in einer DIN-Norm festgelegt sind, die Norm lautet DIN 16511.

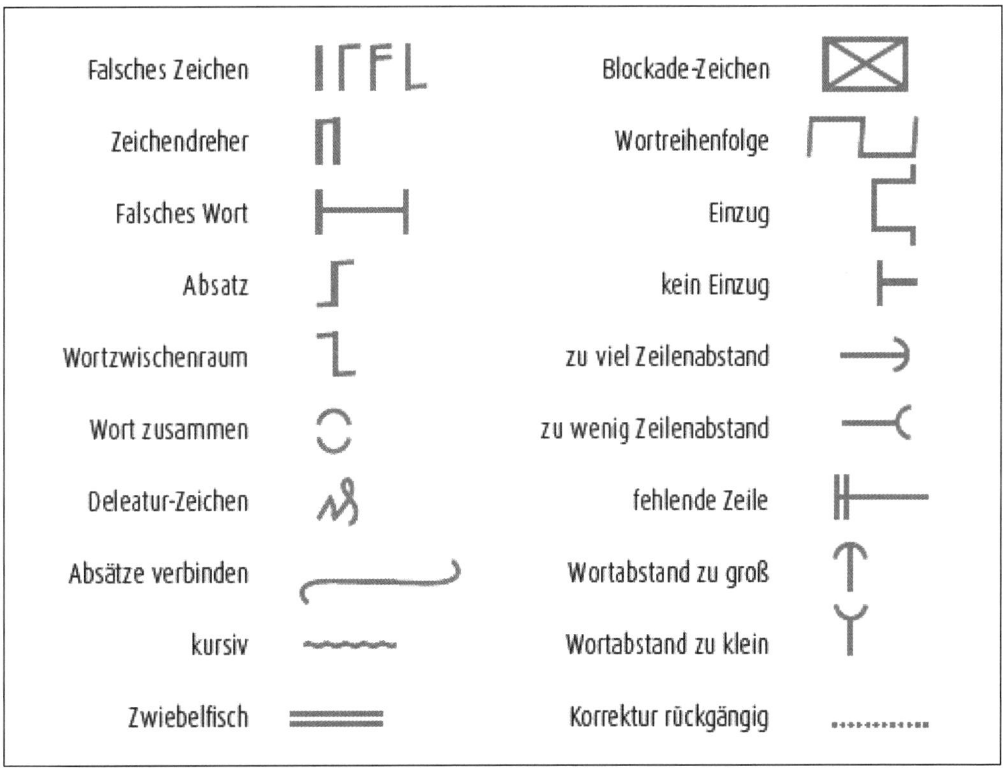

Zwei Begriffe kennen Sie vielleicht noch nicht: **Deleatur-Zeichen** und **Zwiebelfisch**. Das erste ist das Tilgungszeichen; hier soll ein Zeichen oder ein Wort gelöscht werden. Ein Zwiebelfisch ist ein einzelner Buchstabe, der irrtümlich in einer anderen Schrift gesetzt wurde. Das kommt im Zeitungs- oder Buchdruck schon mal vor.

Verständlichkeit überprüfen

Sie können mit einfachen Mitteln die Verständlichkeit Ihrer Texte abschätzen. Lesen Sie den Text zum Beispiel Ihren Freunden oder Verwandten vor und stellen Sie danach ein paar Fragen zum Verständnis.

Aber auch Ihr WORD-Programm kann Ihnen dabei helfen. Unter dem Reiter „Überprüfen“ finden Sie mehrere Funktionen, mit denen Sie Ihren Text auf eventuelle Fehler in der Rechtschreibung und Grammatik überprüfen können. Nutzen Sie außerdem die „Thesaurus“-Funktion, um für Wörter, die Sie häufig benutzen oder die Sie im Nachhinein doch nicht so treffend finden, Synonyme zu finden. Aber Vorsicht! Zu viele Synonyme für einfache Begriffe lassen den Text häufig aufgesetzt erscheinen. Erwecken Sie nicht den Eindruck, sich mit Fremdwörtern profilieren zu wollen.

Vielleicht gibt es Fehler, die sich bei Ihnen oft einschleichen. Nutzen Sie die Suchfunktion („Strg+F“) und suchen Sie gezielt nach diesen Fehlern. Einige Versionen von WINWORD bieten Ihnen eine Statistik-Funktion an. Mit ihr können Sie sich die Zahl der Zeichen, Wörter, Absätze und Seiten anzeigen lassen. Sie können auch Satzzeichen suchen lassen und damit die Verständlichkeit Ihres Textes abschätzen:

1. Lassen Sie sich als erstes die Zahl der Wörter bestimmen. Die Angabe erhalten Sie, wenn Sie die Funktion „Wörter zählen“ aufrufen.
2. Nutzen Sie dann die Suchfunktion und lassen sich anzeigen, wie häufig Sie Sätze mit einem Punkt abgeschlossen haben.
3. Wenn Sie die Zahl der Wörter durch die Zahl der Punkte teilen, erfahren Sie, wie lang Ihre Sätze durchschnittlich sind.
4. Suchen Sie jetzt nach Kommas. So können Sie herausfinden, ob Ihre Sätze eventuell durch zu viele Nebensätze verschachtelt werden.

Wenn Sie es ganz genau wssen wollen, können Sie sich einen Verständlichkeitsindex selbst mit einem kleinen EXCEL-Programm berechnen. Die Formel lautet:

$$\textbf{Verständlichkeitsindex} = \frac{\text{Anzahl der Wörter im Text} + \text{Anzahl der Kommas (zusätzlich Semikolon)}}{\text{Anzahl der Punkte (Satzende) im Text (zusätzlich Frage- und Ausrufezeichen)}}$$

Liegt der Wert unter 15, sind Ihre Texte auch für Laien gut verständlich. Bei Werten über 25, sollten Sie sich den Text noch einmal vornehmen. Er dürfte die Leser arg fordern.

Rechtschreibung korrigieren

Rechtschreibfehler und grammatische Fehler führen schnell zu einem negativen Eindruck, der Leser meint, Ihnen sein nichts an einem einwandfreien Text gelegen. Allerdings: Spätestens seit der zweiten Rechtschreibreform sind viele Menschen unsicher geworden, was nun orthografisch als korrekt gilt und was nicht.

Verlassen Sie sich nicht auf die automatische Rechtschreibprüfung von Microsoft Word. Die Kontrollfunktion ist lückenhaft, manche Fehler fallen aus dem Suchraster.

Es gibt typische Fehler die sich auch bei denen noch einschleichen, die sich eigentlich sicher im Rechtschreib-Dschungel zurechtfinden. Finden Sie anhand des folgenden Textes heraus, wie es um Ihre Rechtschreibungs-Kenntnisse steht.

Markieren Sie bitte alle orthografischen Fehler im Text.

Wes wegen sollten Sie dieses Buch lesen? Es gibt viele Gründe: Sie wollen richtig schreiben lernen, Sie wollen nicht als Dilettant ab gestempelt werden und Sie haben entgültig genug davon, dass Ihre Texte nicht beachtet werden. Sehen Sie dieses Buch als „erste Hilfe“. Damit Sie endlich diese Ziele ereichen, müssen Sie vorallem die Rechtschreibung beherrschen. Nicht jeder bekommt eine Schreibgabe schon im Kreisssaal in die Wiege gelegt, viele müßen sich die Kentnisse hart erarbeiten. An Hand dieses Textes können Sie herausfinden, wie hart Sie schon an Ihrer Rechtschreibung gearbeitet haben. Viele halten die neue Rechtschreibung für hochkomplex dabei ist Nervosität bei diesen Thema völlig fehl am platz. Der einzelne macht immer mal einen Fehler: groß und klein, jung und alt. Schliessen sie bitte das Buch nicht sofort, wenn sie nicht weiterkommen. Solange es Ihnen beim ersten mal nicht zuviel wird, oder irgend etwas irritierend wirkt, ist alles in ordnung.

Gefunden haben sollten Sie 15 Fehler aus verschiedenen Gebieten der neuen Rechtschreibung. Diese Fehler können Sie unterteilen in:

- Vier Fehler bei der Zusammen- und Getrenntschreibung: „Wes wegen“, „ab gestempelt“, „zuviel“ und „irgend etwas“.
- Drei Fehler bei der Groß- und Kleinschreibung: „fehl am platz“ , „in ordnung“ und „ersten mal“
- Sieben Fehler bei der richtigen Schreibweise von Wörtern: „entgültig“, „ereichen“, „vorallem“, „Kreisssaal“, „müßen“, „Kentnisse“ und „Schliessen“

Wenn Sie alle Fehler entdecken konnten, sind Sie wirklich fit in der neuen Rechtschreibung. Falls nicht, ärgern Sie sich nicht. Die Umstellung ist wahrscheinlich jedem schwer gefallen und keiner erwartet von Ihnen, jede Regel immer im Kopf zu haben. Als kleine Hilfe finden Sie hier die wichtigsten Regeln noch einmal aufgelistet.

Regeln zur korrekten Schreibweise:

- Die ss/ß-Regel

  Ein scharfes ß wird nur nach einem langen Vokal oder Diphthong benutzt, so zum Beispiel bei *Maß, schließen, reißen* und *draußen.* Nach einem kurzen Vokal wird immer ss statt dem scharfen ß benutzt: *messen, Schloss, gerissen, Riss, küsst.*

- Die Wegfall-Regel

  Buchstaben fallen bei der Zusammensetzung von Wörtern nicht mehr weg. So zum Beispiel bei: *Kaffeeernte, Rohheit oder Schifffahrt.* Die einzigen Ausnahmen bilden: *dennoch, Drittel, Hoheit und Mittag.*

Regeln zur Groß- und Kleinschreibung:

- Die feste Bindung

  Bei einer festen Verbindung von Adjektiv und Subjekt werden die Adjektive immer klein geschrieben. So z.B. bei: *das autogene Training, das neue Jahr.*

- Idiomatisierte Wendungen und Eigennamen

  Bei Idiomen und Eigennamen darf auch das Adjektiv groß geschrieben werden. Beispiele hierfür sind die *Dritte Welt, die Erste Hilfe, das Schwarze Brett.*

- Adjektive vor Eigennamen, die auf „-sch“ enden

  Adjektive vor Eigennamen, die auf „-sch“ enden, werden allerdings generell klein geschrieben. Ein Beispiel sind die *grimmschen Märchen.* Groß geschrieben wird das Adjektiv nur noch, wenn der Name durch ein Apostroph betont wird: *Grimm'sche Märchen.*

- Tageszeiten

  Tageszeiten nach „gestern“, „heute“, „morgen“ etc., werden immer groß geschrieben: *„gestern Abend“, „heute Morgen“.*

- Substantivierung

  Besonders nach einem Artikel wird das Substantiv immer groß geschrieben: *der Einzelne, das Gleiche, des Weiteren.* Unflektierte Substantive werden auch nach einer Präposition groß geschrieben. Beispiele sind: auf *Deutsch, in Schwarz, für Groß und Klein.*

- Substantive bei Getrenntschreibung

  Auch bei getrennten Konstruktionen wird das Substantiv immer groß geschrieben, so z.B. bei *in Bezug auf, Recht haben.*

- Paarformeln

  Paarformeln wie *Groß und Klein* oder *Jung und Alt* werden immer groß geschrieben.

Regeln zur Getrennt-und Zusammenschreibung:

- Verb und Verb

  Verb und Verb dürfen immer getrennt geschrieben werden: *lieben lernen, spazieren gehen, gefangen gehalten, getrennt lebend.*

- Substantiv und Verb

  Substantiv-Verb Kombinationen werden getrennt geschrieben: *Acht geben, Rad fahren, Rat einholen.*

- Adverb und Verb

  Adverb und Verb stehen immer getrennt bei „*sein*" („*da sein*", „*zusammen sein*") und bei Konstruktionen wie „*allein erziehen*" oder „*zustande bringen*". Wenn das Verb als Partizip vorliegt, ist Zusammen-oder Getrenntschreibung freigestellt.

- Zusammenschreibung

  Generell ist Zusammenschreibung nur bei einigen Ausnahmen vorgeschrieben: *irgendetwas, irgendjemand, umso und zurzeit.*

Sprachstil verbessern

Um Ihren Sprachstil und auch die Verständlichkeit zu kontrollieren, gibt es ein bewährtes Hilfsmittel: Lesen Sie sich den Text noch einmal laut vor. So merken Sie selbst, wo es Stolpersteine im Lesefluss gibt und können diese ändern. Sie haben bereits einige Tipps bekommen, wie sie Ihren Stil verbessern können. Nutzen Sie diese konsequent!

Mit der folgenden Checkliste überprüfen Sie am besten jeden Text, den Sie produzieren.

Checkliste: Schreiben Sie mit Stil?

		✓
1.	Generell schreiben Sie so, wie Sie sprechen.	❑
2.	Sie kennen die Ziele, die Sie mit Ihrem Text verfolgen.	❑
3.	Sie passen Ihren Schreibstil der jeweiligen Textsorte an.	❑
4.	Sie benutzen bekannte und geläufige Wörter.	❑
5.	Sie vermeiden Fachausdrücke.	❑
6.	Ihre Sätze sind im Durchschnitt nie länger als 15 Wörter lang.	❑
7.	Sie vermeiden den unfreundlichen Telegramm-Stil.	❑
8.	Modalverben wie ‚können' und insbesondere ‚müssen' lassen Sie aus und benutzen stattdessen aktive Formen der Verben.	❑
9.	Sie benutzen bildhafte Vergleiche und Beispiele.	❑
10.	Superlative benutzen Sie nur selten.	❑
11.	Sie wissen, dass Phrasen meist nur leere Worthülsen sind.	❑
12.	Sie nehmen Streichungen von überflüssigem Text vor.	❑

Wenn Sie alle Punkte abhaken konnten, ist das Lesen Ihres Textes für die Leser ein Vergnügen.

Zusammenfassung

Drucken Sie sich Ihren Text aus, korrigieren Sie ihn.

Lesen Sie ihn sich laut vor.

Schätzen Sie mit der Suchfunktion und der Funktion „Wörter zählen" von WORD die Verständlichkeit ab.

Achten Sie auf Rechtschreibfehler.

Überprüfen Sie noch einmal den Stil Ihres Textes.

Was wollen Sie von den Hinweisen in diesem Kapitel umsetzen? Schreiben Sie sich bitte alle wichtigen Punkte auf. Nutzen Sie dazu die Umsetzungshilfe am Ende dieses Arbeitsheftes.

Schritt 6: Lesefreundlichkeit sichern

Kommen wir zum Schluss zu einer (scheinbaren) Nebensächlichkeit, die **Typographie**. Die Auswahl des Schrifttyps, die Größe der Schrift hindern oder fördern die Lesbarkeit und auch die Lust, sich mit Ihrem Text zu beschäftigen.

Die Schrift für lesbare Texte gibt es nicht. Die Wirkung hängt davon ab, wie Sie sie bei der Erstellung des Textes nutzen. Achten Sie auf Schriftgröße, Schriftschnitt (standard, kursiv, fett), Ausrichtung der Schrift (linksbündig, Blocksatz)und Zeilenabstand. Die Wirkung hängt aber auch vom Leser ab: Unterschiedliche Rahmenbedingungen wie Vertrautheit mit der Schrift, dem Leseabstand und der Beleuchtung des Raumes sind Faktoren, auf die Sie als Autor keinen Einfluss haben.

Bei der Typographie gibt es einige wenige Faustregeln, die Sie beachten sollten.

1. **Achten Sie auf eine ausreichende Schriftgröße**

   Die gute Lesbarkeit beginnt bei einer Größe von mindestens 10 Punkt. Auch 11 Punkt und 12 Punkt sind geeignet. Bei kleinen Schriftgrößen, etwa in Tabellen, sollten Sie mit Fettdruck arbeiten.

   Für Überschriften stehen Ihnen die Schriftgrößen von 12 bis 20 pt zur Verfügung. Überschriften und Zwischenüberschriften haben immer dieselbe Schriftgröße. Für Überschriften wählen Sie **Fettdruck**.

2. **Verwenden Sie maximal vier Schriftgrößen**

   Mit fünf Schriftgrößen sollten Sie auskommen: eine für den Titel, eine für Kapitelüberschriften, eine für Zwischenüberschriften, eine für den Text selbst.

   Die Abstände zwischen den Schriftgrößen sollten harmonisch sein. Bewährt hat sich eine Stufung mit jeweils 20 bis 30 Prozent, also Text 10 pt, weitere Überschrift 12 pt, Zwischenüberschrift 14 pt usw.

3. **Verwenden Sie Schriften mit klarem Erscheinungsbild**

   Bei Schriften gibt es eine grundsätzliche Unterscheidung. **Serifen-Schriften**, Schriften, deren Buchstaben „Häckchen" haben und **serifenfreie Schriften**. Bei Zeitungen wird häufig die Serifenschrift verwandt, weil sie den Leser von einem Buchstaben zum anderen führt.

Bsp

Serifen-Schrift:

Dieser Satz ist geschrieben in Times New Roman.

Schriften ohne Serifen:

Dieser Satz ist geschrieben in Arial.

Das ist aber deshalb kein wichtiges Argument, weil der Leser ohnehin nicht den einzelnen Buchstaben wahrnimmt, sondern einzelne **Wortbilder**. Deshalb dürfte ein klares Schriftbild wichtiger sein. Das liefern serifenfreie Schriften. Dies sind zum Beispiel: "Arial", "Tahoma" oder "Calibri". Diese Schriften sind einfach im Schriftbild und gut lesbar.

Bsp

Dieser Satz ist geschrieben in Arial.

Dieser Satz ist geschrieben in Tahoma.

Dieser Satz ist geschrieben in Calibri.

Sie sehen aber auch, dass die Schriften unterschiedlich groß erscheinen, obwohl alle in 10 pt geschrieben sind.

Sie können die Lesefreundlichkeit einer Schrift testen. Decken Sie dazu die untere Hälfte der Buchstaben ab. Die Wörter sollten immer noch lesbar sein.

4. Verwenden Sie nur die mitgelieferten Standard-Schriftarten

Sie ersparen sich Probleme beim Ausdruck auf fremden Druckern.

5. Greifen Sie auf nicht proportionale Schriften zurück

Es gibt Schriften, die stellen die einzelnen Buchstaben in derselben Größe dar. Andere Schriften berücksichtigen die Größe der Buchstaben. Ein **i** nimmt dann beispielsweise weniger Platz ein als ein **a**.

Bsp

Ein Beispiel für eine proportionale Schrift ist Courier.

Ein Beispiel für eine nicht proportionale Schrift ist Times New Roman.

6. Vermeiden Sie Zier- und Schreibschriften

Zier- und Schreibschriften sind fast immer schwer zu lesen. Verzichten Sie daher auf solche Schriften, auch wenn Sie Ihnen persönlich vielleicht besser gefallen als eine neutrale Schrift.

Bsp

Dieser Text ist geschrieben in Forte.

7. Beschränken Sie sich auf höchstens zwei Schriftarten

Sie können zum Beispiel eine Schriftart für Überschriften verwenden und eine andere für die Texte. Behalten Sie aber diese Formatierungen konsequent bei.

Bsp

Microsoft hat als Standard in seiner neuesten Version von WORD

als Überschrift Cambria

als Schriftart für den Text Calibri

8. Nutzen Sie Hervorhebungen sparsam

Häufige Hervorhebungen durch Formatierungen wie zum Beispiel Fett, Kursiv und Unterstreichungen stören den Lesefluss. Setzen Sie daher diese Formatierungen sparsam und gezielt ein. Am besten beschränken Sie sich auf eine dieser Hervorhebungs-Möglichkeiten. Meiden Sie Zeichenformatierungen wie Schattiert und Relief. Diese Effekte verschlechtern die Lesbarkeit zum Teil drastisch.

9. Wechseln Sie zwischen Groß- und Kleinbuchstaben

Vermeiden Sie ganze Zeilen in GROSSBUCHSTABEN zu schreiben. Die Lesegeschwindigkeit verringert sich um ca. 40 Prozent.

10. Formatieren Sie Textpassagen und Absätze linksbündig

Formatierungen im Blocksatz führen zu einem schlecht lesbaren Schriftbild. Bei rechtsbündigen und zentrierten Formatierungen wechselt der Zeilenrand ständig, das Auge muss beim Lesen hin und herspringen. Verwenden Sie die zentrierte Formatierung nur für Überschriften.

11. Sorgen Sie für Abstand

Wenn der Platz dies ermöglicht, sollten Sie beim Zeilenabstand anderthalb einstellen. Der Fachbegriff für den Abstand zwischen den Zeilen lautet übrigens **Durchschuss**.

12. Achten Sie auf die Zeilenlänge

Beim Lesen versucht man mehrere Wörter mit einem Blick zu erfassen. Stehen in einer Zeile zu wenig Wörter oder zu viele, kommt man mit der gewohnten Blickspanne nicht aus. Deshalb sollten Zeilen zwischen 40 und 55 Zeichen umfassen.

13. Stellen Sie Absätze heraus

Nach Absätzen sollten Sie mindestens 6 pt als Abstand eingeben.

Lassen Sie nicht am Ende einer Seite nur die erste Zeile eines Absatzes stehen. Die Bezeichnung für diese Unart ist ***Schusterjunge***. Er steht für die „verlorene" Zeile am Ende einer Seite. Das Gegenteil gibt es natürlich auch: Nur eine Zeile des Absatzes steht auf der neuen Seite. Dies bezeichnet man als ***Hurenkind.*** Zur Unterscheidung gibt es ein Merksatz: *Ein Hurenkind weiß nicht, wo es herkommt, ein Schusterjunge nicht, wo er hingeht..*

Zusammenfassung

Verwenden Sie für Ihre Texte eine gut lesbare Schrift.

Achten Sie auf ein einheitliches Design und auf die konsequente Anwendung der Regeln, die Sie für die Textgestaltung aufgestellt haben.

Gehen Sie mit allen Gestaltungselementen sparsam um.

Nutzen Sie Absätze und Zeilenabstände zur visuellen Gliederung Ihres Textes.

Was wollen Sie von den Hinweisen in diesem Kapitel umsetzen? Schreiben Sie sich bitte alle wichtigen Punkte auf. Nutzen Sie dazu die Umsetzungshilfe am Ende dieses Arbeitsheftes.

Lernkontrolle

Mit den folgenden Fragen können Sie in wenigen Minuten feststellen, ob Sie die wichtigsten Zusammenhänge verstanden haben.

1a Wie ist eine Nachricht aufgebaut?

- ❑ Wer? Was? Wann? Wo? Wie?
- ❑ Was? Wann? Wie? Wo? Warum?
- ❑ Wer? Was? Wie? Warum?
- ❑ Was? Wie? Warum?

1b Welche Formen eines Protokolls sind gängig?

- ❑ Wortprotokoll, Ergebnisprotokoll, Ablaufprotokoll
- ❑ Verlaufsprotokoll, Ergebnisprotokoll, Ablaufprotokoll
- ❑ Verlaufsprotokoll, Ergebnisprotokoll, Gedächtnisprotokoll
- ❑ Wortprotokoll, Ablaufprotokoll, Gedächtnisprotokoll

2a Wie viele Wörter machen 90 Prozent der Texte aus?

- ❑ 700 Wörter
- ❑ 900 Wörter
- ❑ 1300 Wörter
- ❑ 2400 Wörter

2b Wie viele Wörter kann sich ein durchschnittlicher Leser gleichzeitig merken?

- ❑ 3 bis 5 Wörter
- ❑ 5 bis 6 Wörter
- ❑ 6 bis 7 Wörter
- ❑ 7 bis 9 Wörter

3a Wie lässt sich die Anschaulichkeit von Texten erhöhen?

- ❑ Beispiele und Vergleiche
- ❑ Konkrete Begriffe und verständliche Wörter
- ❑ Scenarios und kurze Sätze
- ❑ Fallbeispiele und wenig Fremdwörter

3b Was ist ein Scenario?

- ❑ ein indirekter Vergleich
- ❑ eine selbsterlebte Geschichte
- ❑ ein reelles Beispiel
- ❑ ein konstruiertes Fallbeispiel

4a Welche Formen sind Hilfsverben?

- ❑ tun und machen
- ❑ haben und machen
- ❑ haben und sein
- ❑ sollen und müssen

4b Welches Satzzeichen kann meist wegfallen, da es den Lesefluss hindert?

- ❑ Semikolon
- ❑ Klammern
- ❑ Bindestrich
- ❑ Doppelpunkt

5a Was ist das deutsche Wort für das Releaturzeichen?

- ❑ Blockadezeichen
- ❑ Wortreihenfolge
- ❑ Tilgungszeichen
- ❑ Auslasszeichen

5b Welche Indices gehen in einen Verständlichkeits-Index ein?

- ❑ Zahl der Wörter, Zahl der Satzzeichen, Zahl der Absätze
- ❑ Zahl der Wörter, Zahl der Sätze, Zahl der Absätze
- ❑ Zahl der Wörter, Zahl der Punkte (Satzende), Zahl der Kommas
- ❑ Zahl der Zeichen, Zahl der Wörter, Zahl der Sätze

6a Welche Schriftgröße sollten Sie mindestens bei Ihren Texten einhalten?

- ❑ 13 pt
- ❑ 12 pt
- ❑ 11 pt
- ❑ 10 pt

6b Ein Beispiel für Proportionalschrift ist ...

- ❑ Tahoma
- ❑ Arial
- ❑ Calibri
- ❑ Courir

①	②
③	④

Die richtigen Antworten auf die Fragen lauten:

1a ② 1b ③ 2a ② 2b ④ 3a ① 3b ④ 4a ③ 4b ② 5a ③ 5b ③ 6a ④ 6b ④

Fragen zum Verständnis

Die folgenden Fragen dienen zur Wiederholung und Vertiefung des Gelernten. Nehmen Sie sich zur Beantwortung diese Fragen genügend Zeit.

1a Warum kann es sinnvoll sein, sich mittels einer Skizze einen Überblick über Themen zu schaffen?

1b Welche Vorteile hat ein Mind-Map bei der Konzeption von Texten?

2a Warum sind gebräuchliche Wörter oft kurze Wörter?

2b Ab wie vielen Wörtern beginnen Sätze unverständlich zu werden?

3a Was unterscheidet Beispiele von Vergleichen?

3b Welche weiteren sprachlichen Mittel zur Veranschaulichung gibt es?

4a Welche Funktion haben rhetorische Fragen?

4b Warum sollte man Adjektive nur mit Bedacht gebrauchen?

5a Welche Punkte sollten Sie bei der Korrektur Ihrer Texe noch einmal überprüfen?

5b Wie lässt sich die Verständlichkeit abschätzen?

6a Was zeichnet eine gut lesbare Schrift aus?

6b Was ist das Besondere an Proportionalschriften?

Sollten Sie die Fragen nicht auf Anhieb beantworten können, lesen Sie vielleicht noch einmal die entsprechenden Passagen nach.

Umsetzungshilfe

Schreiben Sie sich alle wichtigen Punkte auf, die Sie umsetzen und ausprobieren wollen. Beachten Sie dabei:

1. Formulieren Sie die Punkte so, dass sie möglichst konkret sind.
2. Gewichten Sie, welche Punkte Sie als erstes in welcher Reihenfolge in Angriff nehmen wollen.
3. Notieren Sie sich eine Frist dazu.
4. Kontrollieren Sie, ob Sie den Punkt fristgerecht umgesetzt haben.

Priorität	Merkposten	Termin	Kontrolle
			☐
			☐
			☐
			☐
			☐
			☐
			☐
			☐
			☐
			☐
			☐
			☐
			☐
			☐
			☐
			☐
			☐
			☐

Das Gelernte umsetzen

Trotz guter Vorsätze: Nicht immer klappt es, das Gelernte im Alltag umzusetzen. Deshalb einige Tipps für die Umsetzung:

1. Mit dem Wichtigsten anfangen
Es gibt immer Dinge, die wichtiger sind als andere. Suchen Sie die wichtigen und dringlichen Punkte heraus und versuchen Sie, sie als erstes umzusetzen.

2. Nicht zu viel auf einmal
Zuviel sollten Sie sich nicht auf einmal vornehmen, sonst geht oft alles schief. Nehmen Sie sich einen oder zwei Punkte vor. Wenn Sie diese geschafft haben, kommen die nächsten dran.

3. Geduld haben
Nicht immer gelingt alles beim ersten Mal. Manchmal ist ein zweiter Anlauf notwendig. Überlegen Sie, warum etwas nicht geklappt hat, und versuchen Sie, diese Faktoren auszuschalten.

4. Oft geht es nur gemeinsam
Suchen Sie sich Kollegen, die ähnliche Ziele und Vorstellungen haben. Reden Sie mit ihnen über Ihr Vorhaben. Gemeinsam lassen sich neue Ideen meist besser umsetzen.

5. Belohnen
Seien Sie stolz auf sich, wenn Ihnen eine Änderung gelungen ist. Das ist nicht selbstverständlich. Am besten belohnen Sie sich mit einer Kleinigkeit. Dann steigt auch die Motivation, den nächsten Punkt anzugehen.

Ihre Erfahrungen weitergeben

Vielleicht haben Sie zum Thema eigene Erfahrungen gesammelt, die Sie gerne an andere Teilnehmer weitergeben möchten. Teilen Sie dies uns mit.

Dankbar wären wir auch für Hinweise, welche wichtigen Themen Ihnen bei den Kursen noch fehlen. Wir freuen uns über Ihre E-Mail an info@transfer-online.de

Literatur

Baum, Thilo	30 Minuten für gutes Schreiben, Offenbach am Main 2004
Baumgartner, Gabrielle	Ausdruck sehr gut, Reinbeck 1989
Cameron, Julia	Von der Kunst des Schreibens, München 2003
Förster, Hans-Peter	Corporate Wording, Frankfurt a. M. 2003
Gottschling, Stefan	Lexikon der Wortwelten: Das So-geht's-Buch für bildhaftes Schreiben, Augsburg 2008
Hoster, Gertrud	Wirksam formulieren, Stuttgart 1990
Jäger, Armin	Erfolgreich schreiben im Beruf, Darmstadt 2007
Rost, Werner	Wer reden kann, macht Eindruck – wer schreiben kann, macht Karriere: Das Schreibfitnessprogramm für mehr Erfolg im Job, Wien 2009
Scheuermann, Ulrike	Schreiben leicht gemacht, Zürich 2009
Schneider, Wolf	Deutsch für Profis, Hamburg 1993

Glossar

A

Adjektiv	Eigenschaftswort, begleitet Substantive, zum Beispiel *die bunte Kuh*
Adverb	Begleiter von Verben, um die Aussage zu präzisieren, z.B. *Er lacht laut*
Aphorismen	Bemerkenswerte Aussprüche und damit Denkanregungen, meist von bekannten Persönlichkeiten
Appellative Texte	Texte, deren Ziel es ist, die Leser von etwas zu überzeugen
Argumentationsstraße	Verbindung von Einzelargumenten zu einer logischen Kette

D

deduktiv	Gedankengang, Ableitung vom Allgemeinen zum Spezifischen, Alltäglichen
Durchschuss	Abstand zwischen den Zeilen eines Textes

F

Füllwörter	Wörter, die nicht zum Verständnis des Satzes beitragen und die damit Sprachballast sind

H

Hurensohn	Einzelne Zeile, die von einem Absatz auf die neue Seite gerutscht ist

I

induktiv	Herangehensweise vom Spezifischen zum Allgemeinen
informative Texte	Texte, die hauptsächlich der Information des Lesers dienen

M

Mind-Mapping	kreative Methode, die auf der Grundlage von Assoziationen beruht. Um einen zentralen Begriff in der Mitte eines Blattes, werden weitere Begriffe angeordnet

P

Proportionalschrift	Bei Proportionalschriften nehmen die einzelnen Buchstaben nur die Breite ein, die sie benötigen; das "i" ist zum Beispiel schmaler als das "w".

R

Redundanz	Informationen, die zum Verständnis nicht unbedingt notwendig sind, die aber oft das Verständnis erleichtern
Rhetorische Frage	Frage, auf die man keine Antwort erwartet, oft als Gliederungsfrage eingesetzt

S

Serifenschrift	Schriften, die sich durch kleine „Häckchen" unten an den Buchstaben auszeichnen; dies sollen den Lesefluss verbessern
Schusterjunge	Eine Zeile, die von einem Absatz auf der vorherigen Seiten alleine steht
Substantiv	Hauptwort
Substantivierung	Formung eines Substantivs aus einem Verb, etwa *Positionierung*, bisweilen auch aus einem Adjektiv, etwa *Farbigkeit*
Substantivketten	Folge von Substantiven
Szenarios	Situationsschilderung – ein Mittel zur Veranschaulichung von Texten

V

Verb	Tätigkeitswort
Vergleiche	Schaffung eines Zusammenhanges zwischen bekannten und unbekannten Zusammenhängen, die sich in der Struktur ähneln. Dient meist der Verbesserung der Anschaulichkeit
Vorständlichkeit	Eigenschaft von Texten, die dem Leser das Verständnis erleichtern. Die wichtigsten beiden Merkmale sind Einfachheit und Anschaulichkeit
Vorreiter	Meist unnötiger Vorsatz vor dem eigentlichen Satz, beispielsweise *Es ist bekannt .....*

Z

Zwiebelfisch	Buchstabe, der versehentlich in einer anderen Schrift gesetzt wurde

Stichwortverzeichnis

Blended Learning

Seminare & Schulungen

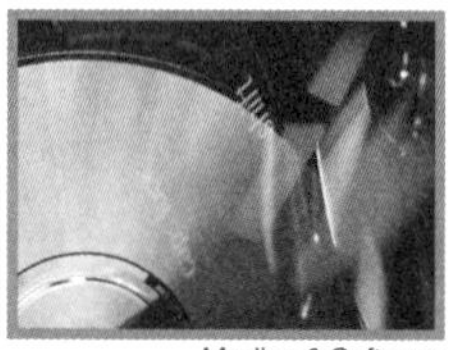
Medien & Software

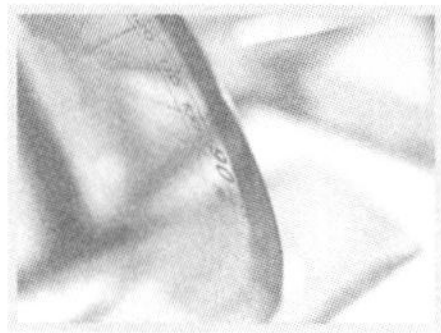
Forschung & Beratung

Qualifizierung muss präzise auf die individuelle Bedarfssituation zugeschnitten sein. Nur so läßt sich ein optimales Lernergebnis erreichen.
Deshalb haben wir für Sie ein **Fortbildungskonzept** entwickelt, das von der Bedarfsanalyse bis zur Transfersicherung systematisch den Lernprozess unterstützt.
Dieses Blended Learning Konzept verbindet die Vorteile des Selbstlernens mit denen des gemeinsamen Lernens.

Individualisierung und Flexibilisierung des Lernens

Kommunikation Erfahrungsaustausch

Im Kern besteht das Konzept aus zwei Teilen, einer **Selbstlernphase** und einem **Transferworkshop.**
Vorab steht eine **Beratung und die Passung der Qualifizierung** auf die Bedürfnisse des Lernenden.

Einführung	**Selbstlernphase**	**Umsetzungs-workshop**
Motivation Diagnose Beratung	CBT, WBT Selbstlernkurs Fernkurs Audio-Lernsystem	Erfahrungen Schwierigkeiten bei der Umsetzung Strategien

Das Besondere: Für die Selbstlernphase stellen wir den Teilnehmern bis zu **vier verschiedene Selbstlernwege** zu Verfügung: Schriftliche Selbstlernkurse, Lehrfilme, Audio-Lernsequenzen und CBT/WBT. Die Teilnehmer können z.B. am Arbeitsplatz lernen und das Gelernte gleich erproben.
Die Teilnehmer werden während des ganzen Lernprozesses von einem Tutor begleitet.

Wir bieten Ihnen:

Computer based Training

- Arbeitsorganisation
- Stressbewältigung
- Zeitmanagement
- Lernen mit neuen Medien
- Gesprächstechnik
- Rationelles Lesen
- Mitarbeitergespräche
- Unterrichtsgestaltung
- Mitarbeiterführung
- Präsentationstechnik
- Selbstmanagement
- Konfliktmanagement

Selbstlernkurse

- Methodenkompetenz (10 Selbstlernkurse)
  z.B. Zeitmanagement, Stressbewältigung
- Sozialkompetenz (8 Selbstlernkurse)
  z.B. Gesprächsführung, Kommunikationspraxis
- Vermittlungskompetenz (5 Selbstlernkurse)
  z.B. Unterrichtsgestaltung, Präsentationstechnik
- Führungskompetenz (6 Selbstlernkurse)
  z.B. Mitarbeiterführung, Konfliktmanagement
- Organisationskompetenz (7 Selbstlernkurse)
  z.B. Projektmanagement, Personalentwicklung

Gerne entwickeln und erstellen wir auch individuelle Lernmedien für Sie.
Sie erreichen uns unter:
TRANSFER GmbH, Daimlerstr. 19 A, 50354 Hürth
Tel.: 02233 - 966410, transfer@transfer-online.de
www.transfer-online.de

TRANSFER GmbH
Optimierung von Lehr- und Lernprozessen

SPRACHENZERTIFIKAT
ENGLISCH B1

Answer sheets

STARK

ISBN 978-3-86668-154-5

Answer sheets

Mock Exam 1

Reading

Use a pencil and mark one letter for each task.
Example: If your answer is A, mark your answer sheet as shown.

	A	B	C
0	■	☐	☐

Part 1			
	A	B	C
1	☐	☐	☐
2	☐	☐	☐
3	☐	☐	☐
4	☐	☐	☐

Part 2								
	A	B	C	D	E	F	G	H
5	☐	☐	☐	☐	☐	☐	☐	☐
6	☐	☐	☐	☐	☐	☐	☐	☐
7	☐	☐	☐	☐	☐	☐	☐	☐
8	☐	☐	☐	☐	☐	☐	☐	☐
9	☐	☐	☐	☐	☐	☐	☐	☐

Part 3		
	A	B
10	☐	☐
11	☐	☐
12	☐	☐
13	☐	☐
14	☐	☐
15	☐	☐
16	☐	☐
17	☐	☐
18	☐	☐
19	☐	☐

Part 4				
	A	B	C	D
20	☐	☐	☐	☐
21	☐	☐	☐	☐
22	☐	☐	☐	☐
23	☐	☐	☐	☐
24	☐	☐	☐	☐

Language Elements

Use a pencil and mark one letter for each task.
Example: If your answer is A, mark your answer sheet as shown.

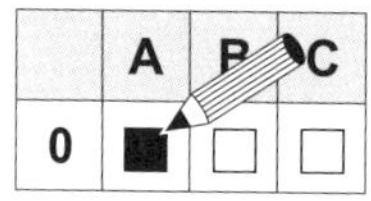

	A	B	C	D
1	☐	☐	☐	☐
2	☐	☐	☐	☐
3	☐	☐	☐	☐
4	☐	☐	☐	☐
5	☐	☐	☐	☐
6	☐	☐	☐	☐
7	☐	☐	☐	☐
8	☐	☐	☐	☐
9	☐	☐	☐	☐

Writing

Part 1:
Write your answers in the spaces next to the numbers (1 to 5) as shown.

Part 1	
1	
2	
3	
4	
5	

Part 2 and 3:
Write your answer clearly on the lines.

Part 2 – Task 6

Part 3	The number of the task you are answering:	7 ☐ 8 ☐

Listening

Part 1, 2 and 4:
Use a pencil and mark one letter for each task.
Example:
If your answer is A, mark your answer sheet as shown.

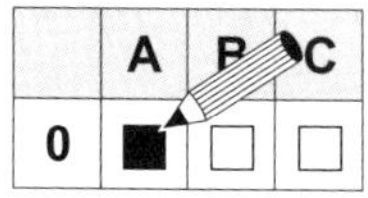

Part 3: *Write your answers in the spaces next to the numbers (13 to 24) as shown.*

Part 1			
	A	B	C
1	☐	☐	☐
2	☐	☐	☐
3	☐	☐	☐
4	☐	☐	☐
5	☐	☐	☐
6	☐	☐	☐

Part 2			
	A	B	C
7	☐	☐	☐
8	☐	☐	☐
9	☐	☐	☐
10	☐	☐	☐
11	☐	☐	☐
12	☐	☐	☐

Part 3	
13	
14	
15	
16	
17	
18	
19	
20	
21	
22	
23	
24	

Part 4		
	A	B
25	☐	☐
26	☐	☐
27	☐	☐
28	☐	☐
29	☐	☐
30	☐	☐

Mock Exam 2

Reading

Use a pencil and mark one letter for each task.
Example: If your answer is A, mark your answer sheet as shown.

	A	B	C
0	■	☐	☐

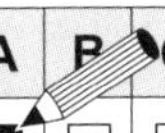

Part 1

	A	B	C
1	☐	☐	☐
2	☐	☐	☐
3	☐	☐	☐
4	☐	☐	☐

Part 2

	A	B	C	D	E	F	G	H
5	☐	☐	☐	☐	☐	☐	☐	☐
6	☐	☐	☐	☐	☐	☐	☐	☐
7	☐	☐	☐	☐	☐	☐	☐	☐
8	☐	☐	☐	☐	☐	☐	☐	☐
9	☐	☐	☐	☐	☐	☐	☐	☐

Part 3

	A	B
10	☐	☐
11	☐	☐
12	☐	☐
13	☐	☐
14	☐	☐
15	☐	☐
16	☐	☐
17	☐	☐
18	☐	☐
19	☐	☐

Part 4

	A	B	C	D
20	☐	☐	☐	☐
21	☐	☐	☐	☐
22	☐	☐	☐	☐
23	☐	☐	☐	☐
24	☐	☐	☐	☐

Part 5

	A	B	C	D
25	☐	☐	☐	☐
26	☐	☐	☐	☐
27	☐	☐	☐	☐
28	☐	☐	☐	☐
29	☐	☐	☐	☐
30	☐	☐	☐	☐
31	☐	☐	☐	☐
32	☐	☐	☐	☐
33	☐	☐	☐	☐

Writing

Part 1:
Write your answers in the spaces next to the numbers (1 to 5) as shown.

0	*example*

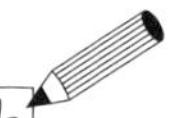

Part 1	
1	
2	
3	
4	
5	

Part 2 and 3:
Write your answer clearly on the lines.

Part 2 – Task 6

Part 3	**The number of the task you are answering:**	**7** ☐ **8** ☐

Listening

Part 1, 2 and 4:
Use a pencil and mark one letter for each task.
Example:
If your answer is A, mark your answer sheet as shown.

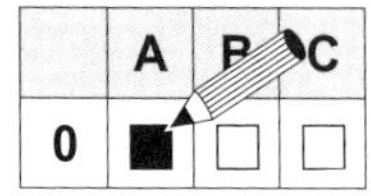

Part 3: *Write your answers in the spaces next to the numbers (13 to 18) as shown.*

Part 1			
	A	B	C
1	☐	☐	☐
2	☐	☐	☐
3	☐	☐	☐
4	☐	☐	☐
5	☐	☐	☐
6	☐	☐	☐

Part 2			
	A	B	C
7	☐	☐	☐
8	☐	☐	☐
9	☐	☐	☐
10	☐	☐	☐
11	☐	☐	☐
12	☐	☐	☐

Part 3	
13	
14	
15	
16	
17	
18	

Part 4		
	A	B
19	☐	☐
20	☐	☐
21	☐	☐
22	☐	☐
23	☐	☐
24	☐	☐

Mock Exam 3

Reading

Use a pencil and mark one letter for each task.
Example: If your answer is A, mark your answer sheet as shown.

	A	B	C
0	■	☐	☐

Part 1

	A	B	C
1	☐	☐	☐
2	☐	☐	☐
3	☐	☐	☐
4	☐	☐	☐

Part 2

	A	B	C	D	E	F	G	H
5	☐	☐	☐	☐	☐	☐	☐	☐
6	☐	☐	☐	☐	☐	☐	☐	☐
7	☐	☐	☐	☐	☐	☐	☐	☐
8	☐	☐	☐	☐	☐	☐	☐	☐
9	☐	☐	☐	☐	☐	☐	☐	☐

Part 3

	A	B
10	☐	☐
11	☐	☐
12	☐	☐
13	☐	☐
14	☐	☐
15	☐	☐
16	☐	☐
17	☐	☐
18	☐	☐
19	☐	☐

Part 4

	A	B	C	D
20	☐	☐	☐	☐
21	☐	☐	☐	☐
22	☐	☐	☐	☐
23	☐	☐	☐	☐
24	☐	☐	☐	☐

Language Elements

Use a pencil and mark one letter for each task.
Example: If your answer is A, mark your answer sheet as shown.

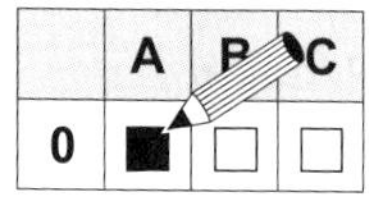

	A	B	C	D
1	☐	☐	☐	☐
2	☐	☐	☐	☐
3	☐	☐	☐	☐
4	☐	☐	☐	☐
5	☐	☐	☐	☐
6	☐	☐	☐	☐
7	☐	☐	☐	☐
8	☐	☐	☐	☐
9	☐	☐	☐	☐
10	☐	☐	☐	☐

Writing

Part 1:
Write your answers in the spaces next to the numbers (1 to 5) as shown.

Part 1	
1	
2	
3	
4	
5	

Part 2 and 3:
Write your answer clearly on the lines.

Part 2 – Task 6

Part 3	The number of the task you are answering:	7 ☐ 8 ☐

Listening

Part 1, 2 and 4:
Use a pencil and mark one letter for each task.
Example: If your answer is A, mark your answer sheet as shown.

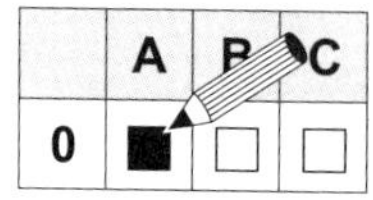

Part 3: *Write your answers in the spaces next to the numbers (13 to 18) as shown.*

Part 1			
	A	B	C
1	☐	☐	☐
2	☐	☐	☐
3	☐	☐	☐
4	☐	☐	☐
5	☐	☐	☐
6	☐	☐	☐

Part 2			
	A	B	C
7	☐	☐	☐
8	☐	☐	☐
9	☐	☐	☐
10	☐	☐	☐
11	☐	☐	☐
12	☐	☐	☐

Part 3	
13	
14	
15	
16	
17	
18	

Part 4		
	A	B
19	☐	☐
20	☐	☐
21	☐	☐
22	☐	☐
23	☐	☐
24	☐	☐

Mock Exam 4

Reading

Use a pencil and mark one letter for each task.
Example: If your answer is A, mark your answer sheet as shown.

	A	B	C
0	■	☐	☐

Part 1

	A	B	C
1	☐	☐	☐
2	☐	☐	☐
3	☐	☐	☐
4	☐	☐	☐

Part 2

	A	B	C	D	E	F	G	H
5	☐	☐	☐	☐	☐	☐	☐	☐
6	☐	☐	☐	☐	☐	☐	☐	☐
7	☐	☐	☐	☐	☐	☐	☐	☐
8	☐	☐	☐	☐	☐	☐	☐	☐
9	☐	☐	☐	☐	☐	☐	☐	☐

Part 3

	A	B
10	☐	☐
11	☐	☐
12	☐	☐
13	☐	☐
14	☐	☐
15	☐	☐
16	☐	☐
17	☐	☐
18	☐	☐
19	☐	☐

Part 4

	A	B	C	D
20	☐	☐	☐	☐
21	☐	☐	☐	☐
22	☐	☐	☐	☐
23	☐	☐	☐	☐
24	☐	☐	☐	☐

Part 5

	A	B	C	D
25	☐	☐	☐	☐
26	☐	☐	☐	☐
27	☐	☐	☐	☐
28	☐	☐	☐	☐
29	☐	☐	☐	☐
30	☐	☐	☐	☐
31	☐	☐	☐	☐
32	☐	☐	☐	☐
33	☐	☐	☐	☐
34	☐	☐	☐	☐

Writing

Part 1:

Write your answers in the spaces next to the numbers (1 to 5) as shown.

Part 1	
1	
2	
3	
4	
5	

Part 2 and 3:

Write your answer clearly on the lines.

Part 2 – Task 6

Part 3	**The number of the task you are answering:**	7 ☐ 8 ☐

Listening

Part 1, 2 and 4:
Use a pencil and mark one letter for each task.
Example:
If your answer is A, mark your answer sheet as shown.

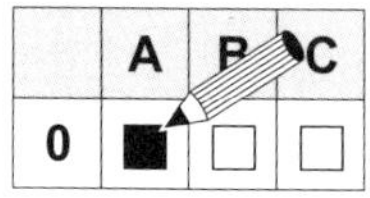

Part 3: *Write your answers in the spaces next to the numbers (13 to 18) as shown.*

Part 1			
	A	B	B
1			
2			
3			
4			
5			
6			

Part 2			
	A	B	C
7			
8			
9			
10			
11			
12			

Part 3	
13	
14	
15	
16	
17	
18	

Part 4		
	A	B
19		
20		
21		
22		
23		
24		

Mock Exam 5

Reading

Use a pencil and mark one letter for each task.
Example: If your answer is A, mark your answer sheet as shown.

	A	B	C
0	■	□	□

Part 1			
	A	B	C
1	□	□	□
2	□	□	□
3	□	□	□
4	□	□	□

Part 2								
	A	B	C	D	E	F	G	H
5	□	□	□	□	□	□	□	□
6	□	□	□	□	□	□	□	□
7	□	□	□	□	□	□	□	□
8	□	□	□	□	□	□	□	□
9	□	□	□	□	□	□	□	□

Part 3		
	A	B
10	□	□
11	□	□
12	□	□
13	□	□
14	□	□
15	□	□
16	□	□
17	□	□
18	□	□
19	□	□

Part 4				
	A	B	C	D
20	□	□	□	□
21	□	□	□	□
22	□	□	□	□
23	□	□	□	□
24	□	□	□	□

Language Elements

Use a pencil and mark one letter for each task.
Example: If your answer is A, mark your answer sheet as shown.

	A	B	C
0	■	☐	☐

	A	B	C	D
1	☐	☐	☐	☐
2	☐	☐	☐	☐
3	☐	☐	☐	☐
4	☐	☐	☐	☐
5	☐	☐	☐	☐
6	☐	☐	☐	☐
7	☐	☐	☐	☐
8	☐	☐	☐	☐
9	☐	☐	☐	☐
10	☐	☐	☐	☐

Writing

Part 1:
Write your answers in the spaces next to the numbers (1 to 5) as shown.

0	example

Part 1	
1	
2	
3	
4	
5	

Part 2 and 3:

Write your answer clearly on the lines.

Part 2 – Task 6

Part 3	**The number of the task you are answering:**	**7** ☐ **8** ☐

Listening

Part 1, 2 and 4:
Use a pencil and mark one letter for each task.
Example:
If your answer is A, mark your answer sheet as shown.

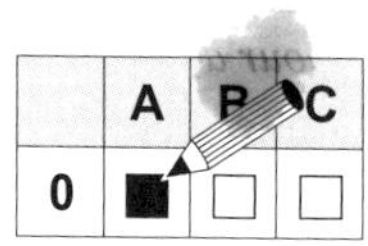

Part 3: *Write your answers in the spaces next to the numbers (13 to 18) as shown.*

Part 1			
	A	B	C
1	☐	☐	☐
2	☐	☐	☐
3	☐	☐	☐
4	☐	☐	☐
5	☐	☐	☐
6	☐	☐	☐

Part 2			
	A	B	C
7	☐	☐	☐
8	☐	☐	☐
9	☐	☐	☐
10	☐	☐	☐
11	☐	☐	☐
12	☐	☐	☐

Part 3	
13	
14	
15	
16	
17	
18	

Part 4		
	A	B
19	☐	☐
20	☐	☐
21	☐	☐
22	☐	☐
23	☐	☐
24	☐	☐